ロクロを挽く女

アジアの片隅で、ジェンダーを想う

齋藤 正憲 著

雄山閣

ロクロを挽く女

アジアの片隅で、ジェンダーを想う

——【目 次】

序章 発端

土器をしあげる女　エジプト・ヒガーザ

土器

私は、土器が、好きだ。

え？　土器って、なにかって？

土器とは、粘土をこねて、かたちづくり、それを焼いてつくった器である。日本だと、縄文土器が最古のものになるが、その製作はおよそ一五〇〇〇年もまえにさかのぼるという。つまり、とても、とてつもなく、ながいつきあいになるのだが、でも、現在にいたるまで、ひとは土器ばかりをつくりつづけたのではない。

より硬く、より白い器をつくろうと、さまざまな工夫がかさねられたのである。土器をしっかり焼いて「炻器（せっき）」をつくり、さらにガラスの膜《まく》でコーティングした「陶器」へとすすむ。やがては、さらに白く焼ける陶石を活用して「磁器」をつくるところまで、技術は発展してきた。とりわけ、焼成技術の発達はめざましく、九〇〇℃以下であった温度は一〇〇〇℃をこえて、一二〇〇～一三〇〇℃をうかがっている。昨今の食卓をいろどるのは、高温で焼かれた陶器や磁器、すなわち陶磁器であって、われわれはその恩恵によくしているというわけだ。そこでは、気のとおくなるような試行錯誤がくり返され、つみあげられてきたのである。

このような技術の系譜を思えば、陶磁器にこそ着目するべきかもしれない。しかし、へそまがりな私は、土器に興味をもってしまった。土器とは、とどのつまり、粘土をこねて、焼いたもの。

エジプトの土器職人
夫がロクロを挽き、妻が手伝う

ただ、それだけなんだけど、じつに奥ぶかい。

粘土はやわらくて、造形の自由度は高いから、地域ごとに個性があって、でも、地域をこえた共通点もあって。もともと歴史とか考古学とか、ソッチ方面に興味があって、いろいろと勉強するなかで、土器を追いかけるようになった。とはいえ、陶磁器はより高い温度で焼かれているから丈夫であり、また、ガラスで覆《おお》われているから、洗うこともできて、衛生的でもある。かつ、優美な装飾も楽しめるとあっては、陶磁器が土器を圧倒し、駆逐《くちく》してしまうのに、さして時間はかからなかった。くわえて、金属やプラスチックなど、さまざまな器も活用されるようになっている。だから土器は、たとえば日本ではもう、ほぼほぼ完全に「過去の遺物」になりはててしまった。それが、まぎれもない現実である。

けれど、アジアを見渡せば、いまなお、土器をつくり、つかっているところはけっこうあるのだ。さまざまな場所に土器はあるから、いろいろな文化を比較するにも、たいへん都合がよろしい。で、じっさいにみてみると、いろいろな土器づくりがあって、だから、興味だって、つきない。陶工とのふれあいも、ナカナカ、ドーシテ、イロイロ考えさせられる。土器の研究はライフワークになりえる。と信じ、あきもせず、勉強をつづけている。

なお、私はもともと、考古学が好きで、発掘調査にかかわっていた。私が発掘に参加したのは古代エジプトの現場であった。金銀財宝がざっくざっく、世紀の大発見！とはいかなかったものの、格調高いヒエログリフが書かれた壁画片であるとか、精巧に彫刻されたレリーフ断片（髪の毛の一本一本までが表現されている！）などが出土する場面には出くわした。地中からそんなものがあらわれると、ちょっとした感動をおぼえたものである。しかし、同時に、土器も出てくる。砂にまみれた、ざらざらした土器片が、私の興味をひくことはあまりなかった。

でも、そんなとき、土器の担当になってしまった！　あの、キタないヤツか……。レリーフ担当からの配置がえは、当初、左遷としか思えなかった。しかし、わが身の不幸をのろったのは、ほんの一瞬。すぐに、私は土器の魅力にとりつかれてしまったのである。なんせ、ともかく、大量に出土する。それを洗ったり、整理したりするうちに、すっかり、好きになってしまったのである。愛着がわいてしまったのだ。

しかも、探せば土器は世界中にあるし、日本にもかつては、たしかに、あった。だから、比較のための情報には事欠かない。そして、たとえば、古代日本の土器とエジプトのそれをくらべてみるのである。学術的な成果として論文にまとめたりするのはむずかしいけれど、いろいろなことを考えさせてくれる。じつにいろいろな方面に、発想は飛躍する。それが妄想とでもいうべきものだという負い目にもにた自覚もあって、すこし、うしろめたい感じもなくはなかった。しかし、それでも、じぶんなりに、文化の個性と共通点がみえてくる。本質が垣間見えたように、感じるのだ。そこから、じぶんなりの、土器からみたアジア文化論を考えてみたいと思うようになったのである。それは、ハタからみれば飛躍かもしれないけれど、じぶんのなかでは自然で、必然のなりゆきであった。

かくて、土器をテーマに、私はアジアを歩きまわることになったのである。

はなしを戻そう。

私は性格的に、趣味でコツコツがんばるというガラではない。だから、土器を研究をしていることにしている。だから、一応コレでも、研究者なんです。すくなくともそう、自認している。では、研究者って何者? 大学で講義をしたり、博物館で展示にたずさわったり、研究所に所属したり。研究者のスタイルはさまざまであるが、でも、勤務の形態はさして重要ではない(と、思う。あんまりチャンとしていない私の、たんなるヤッカミかもしれないけど……)。研究者たるもの、調査・研究をして、論文を書かいて、ナンボである。たまにひとから、「面白いね」、といってもらえるが

（ほんとに、たまにですが……）、しょせんはその程度。ひとによっては、一生、ほとんどかえりみることすらない。

おのれの興味にただひたすら忠実に、はたからみればマニアックでしかないことに、地道をあげているのだ。でも、好きなものは好きなんだから、しかたない。いっつもいつも、そのことばかりを考えている。研究とは、そんなものだと思う。

で、私のばあい、アジアを歩き、聞きとり調査をする。かつて、ひとが土器を生活の器としておおいに活用していたのはご存知だろう。日本の土器だと、ゴテゴテの奇抜《きばつ》な装飾がほどこされた縄文土器だとか、機能重視のスッキリとしたかたちの弥生土器を思い浮かべるひとがおおいと思う。でも、土器っていわれても、ピンとこないなあ。そうである。さきほどものべたとおり、陶磁器やそのほかの器が幅をきかせている現在、おおくの地域では、土器なんぞ過去の遺物にすぎず、具体的にイメージできるひとのほうが、めずらしい。考古学の研究対象として以外は、めだった存在意義をもたない。そんなところが、きびしいけれど、現実であろう。

でもね、アジアは、広い。いまでも土器をつくり、つかっている場所がまだまだある。そんなところへたずねていって、土器づくりを取材するのだ。そこでえられた情報をもとに、文章をしたためるというのが、極論《きょくろん》すれば、私のシゴトである。でも、なかなかたいへんなんです、コレが。

現場

土器づくりの現場、すなわちフィールドに行くには、たんてきにお金がかかる。航空券を買わなければならないし、むこうでもメシを食わなければならない。野宿というわけにはいかないから、宿泊施設にも泊まる。交通費や協力者への謝金など、モロモロの経費も加算されて、いわば、ソコソコ贅沢な海外旅行に匹敵する出費をしいられる。経費をねん出するべく、さまざまな研究費の公募に応募したりもするのだけれど、不景気な昨今、そんなにオイシイはなしがゴロゴロ転がってい るはずもなく。だから、研究資金なんて、なかなか回ってこない。でも、フィールドに立つために は、なんとかしなくちゃ。研究費取得というせまき門に、玉砕覚悟《ぎょくさいかくご》で殺到し、あんのじょう、ケンモホロロにはね返されて——。ハタからみたら不毛としか思えないそんな努力を、しかしながら、継続しなければならない。

で、どうにかこうにか、フィールドに出て、情報をあつめる。ソコんとこはだいぶ熟練してきたと思う。なんたって、虎の子のフィールドワークなのだ。否《いや》が応《おう》でも、是《ぜ》が非《ひ》でも、がんばってしまう、よくばってしまう。結果、学会発表をしたり、論文を書いたりするネタはソコソコ手に入る。せっかくだもの、こちらも力が入る。でも、ここからがまた、たいへんだ。

学会発表は、どんなに入念に準備をしたとて、ぶっつけ本番。出来不出来《できふでき》がけっこうあって、しかも、聞いてくれるかたがたの興味関心もおおきく影響する。うまくできたつもりでも、反応がイマイチであることもおおく、そのたびに心を折られるのだけれど、だからといって、研究者である以上、ヤメるわけにはいかない。ありとあらゆる発表のチャンスをとらえ、エントリーをくり返すハメに。

論文だって、たいへんだ。昨今では、査読のある雑誌もおおい。掲載のまえに、第三者がチェックするのだ。そうしたところに書かせていただくのは、たいへん名誉でもある。のだが、査読は覆面だから、コメントは情け容赦ないったら、ありゃしない。人間性そのものを完全否定されるような、辛辣《しんらつ》な叱責をあびることもしばしば。それでじぶんの論文がよくなるのだから、文句をいったらバチがあたる。あたるのは重々承知してるけれども、やっぱり、ぱっきり、心は折られます。数日は立ち直れないこともあるが、それでも、これもヤメるのはゆるされない。心の回復を待って（というか、目をそらして）、また、面倒な作業に精を出す。出さざるをえないのだ。

なぜ、こんな自虐的なこと、つづけているんだろう？　みずからの性癖をうたがったこともあるが、断じてそれはない（と思う）。じゃあ、なんでだろう？　それは、フィールドでえられる大小さまざまな発見、それにともなう高揚感・爽快感が、たまらないから。コレにつきる。私のばあい、エジプト、台湾、バングラデシュ、ネパール、インドネシア、インドといったさまざまなフィールドに顔を出す機会にめぐまれた。これは異論もあろうが、エジプトを西アジアにふくめるのをゆるしていただけるのなら、アジアの六か国を経験してきたことになる。

これにあきず、今後もたくさんのあたらしいアジアと出あうのを心待ちにしているのだが、六つ

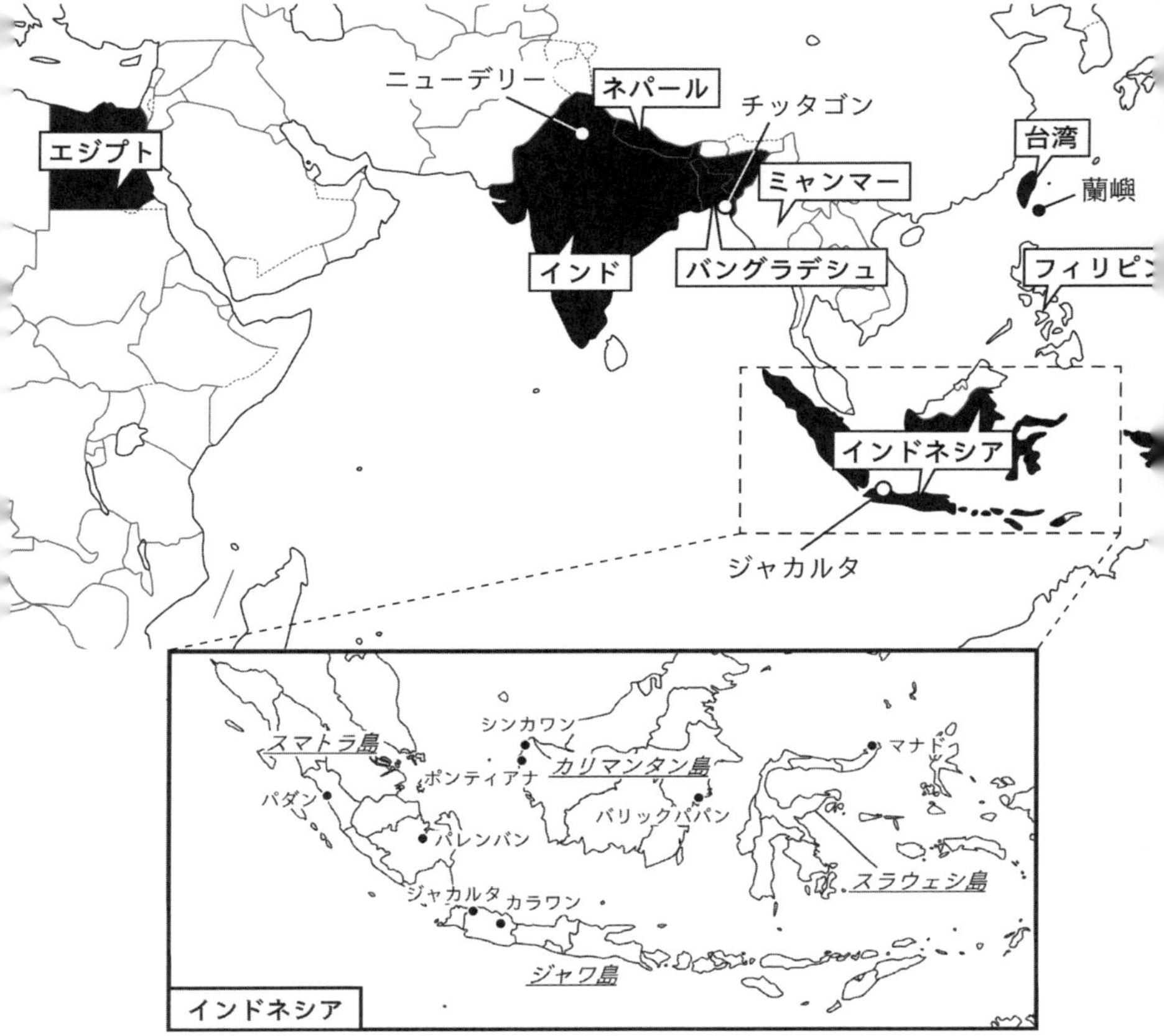
ニューデリー
ネパール
チッタゴン
エジプト
台湾
ミャンマー
蘭嶼
インド
バングラデシュ
フィリピン
インドネシア
ジャカルタ
シンカワン
マナド
スマトラ島
カリマンタン島
ポンティアナ
パダン
バリックパパン
パレンバン
スラウェシ島
ジャカルタ
カラワン
ジャワ島
インドネシア

私のアジア遍歴：調査地

のアジアで経験できた、さまざまな文化の面白さたるや！　どうしてひとは、こうもちがう社会をつくるんだろう？　街の雰囲気も、ご当地の食事も、じつにさまざまだ。アジア文化のとてつもない奥ぶかさを身をもって体感できて、それはとりもなおさず、人間文化の奥ぶかさを実感するのと同義。当初、あまりに落差がはげしすぎて、とまどうことのほうがおおかったが、いまではわりと冷静に、ちがいを受容できるようになった。そして、じぶんのことを思うのだ。日本だって、アジア。アジアのさまざまな文化にふれるうち、わが思索が自然と日本文化へと還流したのは、おどろきであり、よろこびでもあった。

なによりも私をフィールドに駆り立てるのは、エキサイティングで予測不能なアジアとの出あいである。目下の私の研究テーマは土器づくりだから、土器工房をたずねる機会がおおい。工房という特殊な空間でさえ、私のささやかな経験則をいい意味で裏切ってくれる別世界、おどろきと感動に満ちあふれている。

そしてそこにはオトコもいれば、オンナもいる。じつに示唆にとむ社会の縮図なのだ。浅学非才《せんがくひさい》の私とて、考えさせられる。地域社会や家族のありかたについて、ほんとうにいろいろなことを考えさせてくれるのだ。だから、興味はつきない。そんな思索のジェットコースターにのりたくて、ある意味、自虐的ですらある研究費の申請や論文作成なんぞにも、まえむきにとり組めるというわけ。

性差

そして――。

この文章を書きはじめたのは、二〇一五年一二月一八日のこと。奇《く》しくも、夫婦別姓について、最高裁の判断が下された翌日であった。なんでも、明治時代に制定された民法の内容が合憲と判断されたのだとか。私も一応、結婚をしているが、妻は私の姓を名のっている。結婚するにあたって、名字をどうするかという話題もすこしはあったような……。でも、特段、はなしあいが紛糾《ふんきゅう》することはなく、わりとすんなりと、妻は私の名字を選び、私が名字をかえることはなかった。まあ、おたがい、バリバリの庶民だしね。なにより、女性が男性の性を名のるのが自然というか、普通というか。そんな空気のような先入観があったように、いまにしては思う。

しかし、かような先入観が明治時代からかわってないとすれば、それはそれで、どうなの？　夏目漱石や森鴎外とおなじ価値観・家族観をきっちり踏襲《とうしゅう》しているとでもいうのか？　となると、いささか心許《こころもと》ない。いや、むしろ、かえるべき、かえなければいけないのかもしれない。男女共同参画だって、さけばれていることだしね。

おいそれと結論の出るはなしでもあるまいが、とても重要な論点だと思う。でも、私はオトコだから、どうしても、オトコ目線になってしまうだろう。そうなのだ。夫婦別姓や男女共同参画の問題をあまねく性差、つまりはジェンダーの問題としたならば、最大の問題はそこだと思う。

ひとはオトコかオンナのいずれかの性を享《う》ける。いまはやりの「ＬＧＢＴ」をナイガシロにするつもりはサラサラないが、すくなくとも生物学的には、人間はオトコかオンナのいずれかに生まれ、圧倒的大多数はその性をまっとうするだろう。思い切った決断でもしないかぎりは、両方の性を体験することはない。でも、思い切った決断をしたとて、それがはたして、両方の性を理解したことになるだろうか？　そうは、私にはとうてい思えない。性別をかえるにしたって、元来の性を拒否したひとは、その性を生きていないことになる。そんな解釈が、まったくの的はずれだなんて、どうしても思えない。

いずれにせよ、ある時点で選択している性こそが、そのひとの、その瞬間の本質になるだろう。両方同時・同等なんて、無理なのだ。だから、だからこそ、ジェンダーの問題はむずかしいのである。そもそも、みずからの性別に不満をもっていなければ、さしたる関心さえおぼえまい。

一方で、当事者であれば、どうしたって、論理は曇《くも》ってしまおう。ジェンダーをめぐる論考が、ひたすらに女性擁護のフェミニズムに転化してしまえば、それは現象としては興味ぶかいものの、なかなか文化論には還元されにくいだろう。中間的な性別の論客が、フラットな視点で追究してくれれば、それが一番かもしれないが、そういった研究を、私は寡聞《かぶん》にしてしらない。

かくいう私だって、オトコである。オンナへとかわる予定もなければ、願望もない（……と思う）。だから、無意識に、ジェンダーの問題から目をそむけてきたのだろう。でも、アジアで経験をつむうちに、すこし、かわってきた。たとえば、エジプトでは、土器づくりは完全にオトコのシゴトである。オンナは男性陶工の補佐に甘んじる。いや、甘んじていると表現するのは不適切かもしれない。工房で出あう彼女たちから、ほうんとうはやりたいけど、しぶしぶ我慢しているなんて雰囲気は伝わってこない。やりたくても、やれないというふうでは、まったく、ないのだ。彼女たちは、まあ、手伝うのがあたりまえだからやっているのであり、それ以上をもとめているとは思えない。不満をおぼえ、いきどおりを私にぶつけてくるような女性もいなかった。不満気な顔をしたひとすら、いない。むしろ、みな、楽しそうですらあった。

辺境

ふーん、そんなもんかと思っていたら、そうじゃなかった！

インドネシアである。インドネシアではオトコの陶工ももちろんいるけれど、女性陶工がとてもイキイキと粘土をいじっている。そんな場面にしばしばそうぐうした。エジプトのように、むくつけき男性陶工がもくもくと粘土と格闘する工房だって、なくはない。けれど、そうではなく、女性が工程のいくつかを完全にうけおうケースがよくあった（女性ぬきでは、土器が完成しない！）。ひいては、女性だけで切りもりする工房すらある。これはエジプトではみられなかった現象。

すくなくともエジプトとインドネシアでは、さらにすくなくとも土器づくりにかんしては、オトコとオンナでかかわりかたが、おおきくことなる。つまり、性別分業のありかたが、ちがっているのだ。それはたしかであって、その背景には、ジェンダーをめぐる重要な論点がひそんでいる。そのように、思うのだ。

くり返しになるが、オトコである私が、オンナにもかかわるジェンダーについてかたるのは、簡単ではない。おなじ理屈で、社会における男女の関係についてかたるのも、むずかしかろう。でも、フィールドで観察された事実と率直にむきあえば、なんらかの端緒《たんしょ》くらいは、えられるのではないか？　誓って申しのべるが、私はジェンダーの問題を解くためにフィールドに出むいたわけではない。土器づくりをみたかっただけ。でも、ふずいして、オトコとオンナの動きも目に飛びこんでくる。

ながめているうちに、自然と、オトコとオンナの関係について思いをめぐらせるようになった。さまざまな事例を先入観なくつみかさねていく。そのスタンスさえブレなければ、オトコである私にだって男女をめぐる問題をかたる資格が、多少なりとも、発生するのではないか。と、僭越《せんえつ》ながらも、思いいたったというしだいである。

さて、ところで。

私は私なりにアジアをほっつき歩いてきたのだが、そこで、つくづく考えさせられたのは、アジアの基本構造についてである。いささか月並みではあるけれど、人間は住まう環境に猛烈に影響される。乾燥しているか、湿潤か。植生がことなれば、主たる農作物がちがってくる。

乾燥地域の主作物である麦は、それだけだと栄養がかたよってしまうという。なんでも、動物性たんぱく質をあわせて摂取しなければいけない。つまり、パンだけを食べていてもダメで、ハムやチーズも食べなければならない。よって、麦をつくる農民は、遊牧民などから、ハムやチーズをゲットしなければ、生きていけない。よって、異集団との交易・交渉を余儀なくされる。どこまでもつづく平原をひたすら突きすすみ、他者にであうのである。

他方、湿潤地域の稲は必須アミノ酸にとむんだそうで、あとは、植物性たんぱく質をおぎなえばいいから、交易は必須ではない。なぜなら、稲作農民は、たんぼのかたわらで大豆を育てたり、あるいは川魚をとれば、それで事足りてしまうからだ。みずから調達できるもので、食卓が完成してしまうからこそ、無理をしてまで、交易・交渉をする必要がないのである。結果として、閉鎖的な小村落を形成するのがつねとなる。川がおおく、山がちな湿潤地域の地形を考えても、それは必然的な帰結であろう。

アジアの「三風土帯」
（松田壽男『アジアの歴史』（岩波現代文庫 2006）、図2をもとに作図）

他者との接触を前提とする開放的な空間（すなわち乾燥地域）では、積極的・攻撃的なキャラクターがモノをいう。たいして、ひとの入れかわりのすくない閉鎖空間（湿潤地域）では、仲間への配慮こそが肝要で、いきおい、消極的・受容的な嗜好《しこう》が志向されよう。こうした、いわば東西（東が湿潤で、西が乾燥）のちがいは、かなりふるくから、くり返しくり返し、手をかえ品をかえ、かたられてきたとおりである。

こうしたアジア観をさいしょにとなえたのは、哲学・倫理学の巨星、和辻哲郎である。彼はその著書『風土：人間的考察』（岩波文庫）において、乾燥と湿潤の対比をあざやかに論じている。同書は、一九三一年・昭和六年に刊行されたというから、まさに古典的名著とよぶにふさわしい。しかし、ほどなくして、和辻の『風土』は安易な環境決定論であると批判されて、さらにデータのふるさもあいまって、現在ではほとんどかえりみられなくなっている。

ただし、彼の思想がなくなってしまったわけではない。あとでくわしく紹介するが、東洋史家・松田壽男も、乾燥アジアと湿潤アジアの対比に注目した、同様のアジア観を発表している。和辻の学説は、ちゃんと、うけつがれているのだ。また、あたらしいところでは、アジア文化論の研究を旺盛《おうせい》にすすめた松本健一というひとのアジア文化論が、とても参考になる（『砂の文明 石の文明 泥の文明』、岩波現代文庫）。

松本は「乾燥アジア」を「砂の文明」、「湿潤アジア」を「泥の文明」と表現した。「砂の文明」では「国境を縦横無尽にこえていく」「ネットワークする力」が真骨頂《しんこっちょう》とされ、この考えは、乾燥アジアの対抗性・攻撃性を指摘した和辻の見解とよく符合するだろう。かたや、「泥の文明」では豊かな自然の恵みを効率よく享受するために、経験則こそが尊重され、「内に蓄積する力」がはぐくまれるという。「内に蓄積する力」は、和辻がいうところの受容性といいかえることができるだろう。ここにいたっても、和辻以来の伝統的アジア観は深刻な齟齬《そご》をきたしていないのだから、おどろきである。

——そして。

私はここ三〇年ほどのあいだ、毎年、海外でフィールドワークをするようにしてきた。ひとに誇れるような、華々しい成果をあげたわけではないけれども、いろいろなアジアをみてきた。そして、いままでのところ、和辻以来のアジア観が裏切られたことはないのである。和辻の学説はもはや、前提としてもいいのではあるまいか？

その前提で、はなしをすすめさせてほしい。

積極的な乾燥地域の文化は、そとにむけて発信されていくことになる。発信された乾燥の文化を、湿潤地域は受容することがおおくなるわけだが、ここで、もちまえの「内に蓄積する力」が発揮されるのである。結果として、攻撃的な乾燥地域から、受容的な湿潤地域へというベクトルで、文化は拡散し、蓄積されていくことであろう。ぎゃくは考えにくい。和辻以来、つみかさねられてきたアジア観は、そのようなみとおしを、われわれに教えてくれているのである。でも、海もあれば、山だってある。乾燥の文化をうけ入れる湿潤の状況が一様、なんてことはありえないだろう。

私はこのことを、アジア各地の土器づくりの情報から、検討しようと目論《もくろ》んだのである。

乾燥から湿潤へと切りかわっていく、そのちょうど中間、つまりは「境界」の状況をしりたくて、バングラデシュに行ってみた。そこでは、技術の折衷が確認されたのである。私はこのことを、こう、解釈した。乾燥と境をせっするいわば「最前線」では、文化の流入ははげしいものとなる。苛烈《かれつ》な文化衝突のはてに、折衷様式に落ちつくことがあるのだ、と。私はこのような文化接触のパターンを「境界型・折衷型」と解釈した。

これにたいし、乾燥地域からとおくはなれた、いわば「辺境」の地はどうなっているのか？　このことを確認するために、私はインドネシアの調査にも手を染めた。ここの土器づくりでは、さまざまな技術がそのままに混在し、あきらかに、「境界型・折衷型」ではなかった。文化がおだやかにもたらされるようなところでは、さまざまな文化・技術要素の共存がゆるされる。いわば、「辺境型・共存型」である（拙著『境界の発見：土器とアジアとほんの少しの妄想と』、近代文藝社）。

もちろん、森羅万象《しんらばんしょう》、すべてのことがらが、キッチリ、バッチリ、この仮説で説明できるなどと断じるほど、私は無謀《むぼう》ではないつもりだ。でも、アジアを歩いていても、コレが裏切られることは、あまりない。だからついつい、コレに入れあげてしまう。

私はこの着想を、「境界／辺境論」と名づけた。コレはコレでいいんじゃない？　けっこう、自信ももっているのだが、学会において、拍手喝采《はくしゅかっさい》、スタンディング・オーベイションでむかえられるという経験は、まだ、したことがないんです。しかしながら、すくなくともアジアには、境界型

（折衷型）と辺境型（共存型）の二つの文化類型がある。そのことを頭の片隅におきつつ、アジアをたずねるのは不毛ではない。アジアの片隅でそんなことを想う、今日このごろである。

私のフィールドノートにおいては、とりわけ、インドネシアにかんするページが、本書の問題意識とふかくかんれんしているようだ。つまりは、辺境である。文化の流入がおだやかで、共存状況をうけ入れる辺境だからこそ、基層文化がいまも息づいている。そう考えればイロイロと納得できる。破綻《はたん》はしていないでしょう、たぶん。

インドネシアではこれまでに、ジャワ、スマトラ、カリマンタン、スラウェシの各島で調査をしてきた。そこそこ、みてこれたと思う。そこで、そこでえられた情報を開示しつつ、私は、私なりの解釈・理解を示させていただこう。そうそう、主題はジェンダーだったたっけ？　こと、男女のモンダイはとてもナンカイで、デリケートである。だから、ナンカイも、さまざまの文献の助けをかりた。多少の脱線はご容赦《ようしゃ》のうえ、しばし、おつきあいいただこう。

第一章　変貌

棒をつかって豪快に成形する女　スラウェシ・プルタン

先端

さいきん、私が、足しげく通っているインドネシアについて、まずは、すこしのべておきたい。インドネシアは、赤道をまたぐように点在する大小さまざまの緑豊かな島々で構成される。その数、なんと、一八〇〇〇。一八〇〇〇ですよ、一八〇〇〇！　ちょっと親戚のおおいラッキーな子どもが、お年玉を全額、一円玉に換金した、その一円玉の数ほども、島があるなんて……。そしてそこにくらす人々の構成も、これまた、想像をぜっする。九〇〇をこえる民族がくらし、七〇〇をこえる言語が話されている、とか……。どうしてそれで、一つの国になろうなんて思ったの？　もちろん、歴史的な経緯がそこにはおおきく作用しているだろう。日本が単一民族によって構成されているという認識だってしりぞけられて久しいわけで、だから、それほど、おどろくにあたらないのかもしれない。

でも、インドネシアのゴチャゴチャっぷりはハンパない。そして、だからこそ、共通語であるインドネシア語を考案しなければならなかったわけで、日本とはやはり、事情がちがう。しかも、そのインドネシア語の表記にアルファベットを採用してしまう、柔軟性、あるいはフトコロのふかさ。複雑な民族構成をもろともせず、そしてけっきょくはイスラームとの融和さえ、こともなげに達成してしまったインドネシアの国家・文化のスタイル。おなじ島国にくらす日本人にとって、端倪《たんげい》すべからざるものがあると思うのだ。

豊富な労働力と安価な人件費を武器に、生産拠点としてのプレゼンスを示すインドネシアは、かつて、かの連合東インド会社の支店もおかれ、貿易拠点としての性格をもちあわせていた。アジアの辺境にあって、ナカナカの存在感をはなちつづけたインドネシアは、ふるくはインドから、あたらしくはイスラームから、それぞれ宗教を受容した。

もちろん、はなしは宗教だけにとどまらなかっただろう。ふずいしていろんな文化や技術をもとりこんだのであって、その影響たるや、政治理念から食文化にいたるまで、多岐全般におよんだだろう。そこには、中国大陸から押しよせた華僑の足跡もみとめられるから、さまざまな文化の、いいかたはよくないけれど、ぶっちゃけ「吹き溜まり」、ですな。

でも、吹き溜まりに終わらないところが、インドネシアのすごいところ。さまざまな文化を柔軟に受容しつつ、結果として多様性をそのうちに包摂《ほうせつ》して、でも、それでも、インドネシアでありつづけたのである。

そんなインドネシアで、ある夏、現地調査を計画した。カリマンタン島（ボルネオ島）およびスラウェシ島（セレベス島）での調査だ。ただ、これは正確ではない。正確を期せば、カリマンタン島での調査を計画し、じっさいにシンカワンという場所で調査をしたのだが、時間があまったから、おとなりのスラウェシまで足をのばしたんです。ありていに告白すれば、「場あたり的」におとずれてしまったスラウェシ。でもそこで、期せずして、私はたいへん興味ぶかい事例にそうぐうする幸運にめぐまれる。

ところで、スラウェシ島というのは、とても奇妙なかたちをしている。Kの字を崩したようなかたちだが、そのKの縦棒がのび、右にお辞儀をしているかのよう。そのお辞儀した先端ちかくにマナドというおおきな街がある。北スラウェシ州の州都である。マナドには三七万人がくらしているというから、ソコソコの大都会だ。そしてKの字の北方には、フィリピンがせまってきている。マナドはある意味、典型的なインドネシアの都会という風情であるが、なるほど、ジャワやスマトラとはちょっとちがう。気候はまあ、おなじようなものだから、そこにくらすひとがちがうのだろう。フィリピン系がほどよく混ざり、また文化的な交流もあって、独特の空間を醸《かも》している。

独善的なたとえかもしれないが、横浜？　そう、横浜みたいな、ちょっとアカぬけた感じである。宗教的にもイスラーム主体のインドネシアにあって、キリスト教がおおく、みた目はそれほどちがわないけれど、ちょっとだけ、異国感がにじみ出ている感じ？　すくなくとも、北関東（の片田舎）に棲息《せいそく》する私などはそんな感慨を、ちょっとしたコンプレックスとともに、いだいてしまうのだ。

そんなマナドに宿をさだめつつ、フィールドワークを実施した。マナドから西に五〇キロメートルほどのところに、プルタンという村があって、そこが現場だ。プルタンは土器をつくることでよくしられた村。そこに通いつつ、土器づくりを取材することにしたのである。

前提

さて、フィールドワークのはなしに突入するまえに、ここで、土器づくりについてふれておくべきだと思う。以降の私のかたよった文章を、すこしでもご理解いただきたいからだ。おいそがしいところ、まことに恐縮ですが、まあ、気軽に読み飛ばしてやってください。

考古学者は土器が好きである。好きなひとがほとんどで、嫌いなひとはまずいない。なぜか？なぜなら、発掘をすると、かなりの確率で、土器が出土するから。それほど、土器は身近な器材であったといえる。人類七〇〇万年の歴史からすれば、まばたきをするほどの時間でしかないが、それでも、土器の歴史は一五〇〇〇年とも一六〇〇〇年ともいわれる。ちなみに、わが縄文土器は世界でも屈指のふるさをほこっている。胸をはっていいと思う。そして、日本のばあい、古代には陶器がつくられはじめ、およそ四〇〇年ほどまえには磁器の技術がもたらされた。現在では完全に、土器から陶磁器へと転換してしまっている。セカイをセッケンした磁器のすばらしさは別格だったとしても、土器とのつきあいがいかにながかったか、おわかりいただけるだろう。

土器とのつきあいが、かくもながきにわたった理由は、土器づくりの簡便さにあると思う。陶磁器などでは素地素材にこだわるが、土器のばあいはそうでもない。さすがに、公園の砂場の砂というわけにはいかない。でも、夾雑物《きょうざつぶつ》（不純物のこと）を除去したり、キメをそろえる調整をすれば、つかえる粘土はわりと簡単に手に入る。世界のさまざまな場所で、土器づくりの習慣がのこされて

1　円盤をつくる

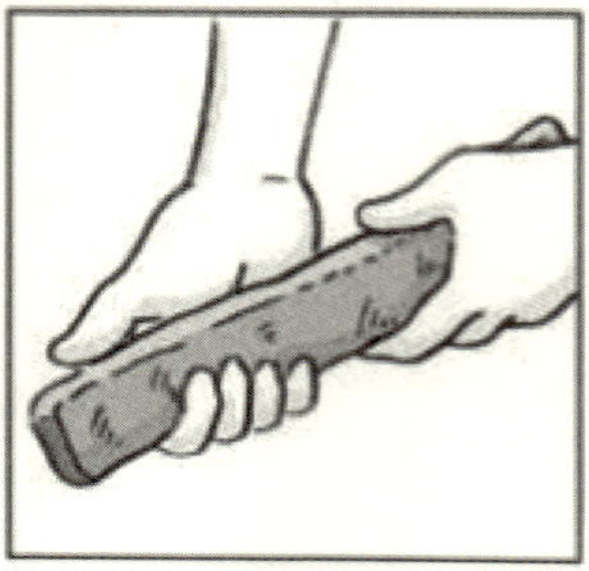

2　粘土紐をつくる

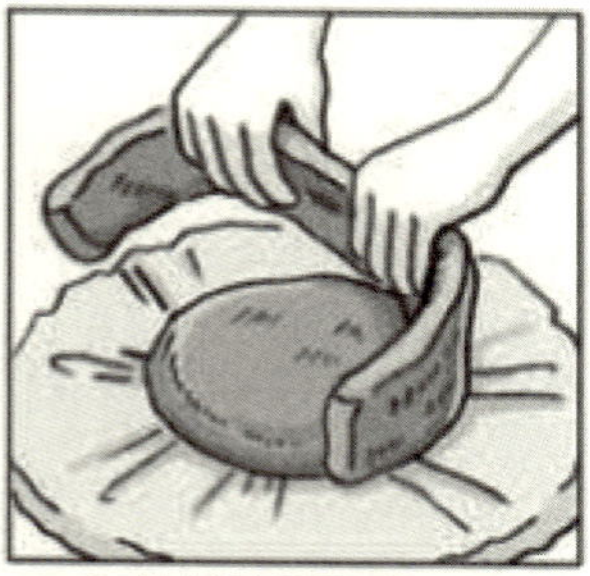

3　粘土紐を円盤に立てる

4　コップ形をつくる

5　叩き棒で叩く

6　叩き板で叩く

ヤミ族の壺成形（1）

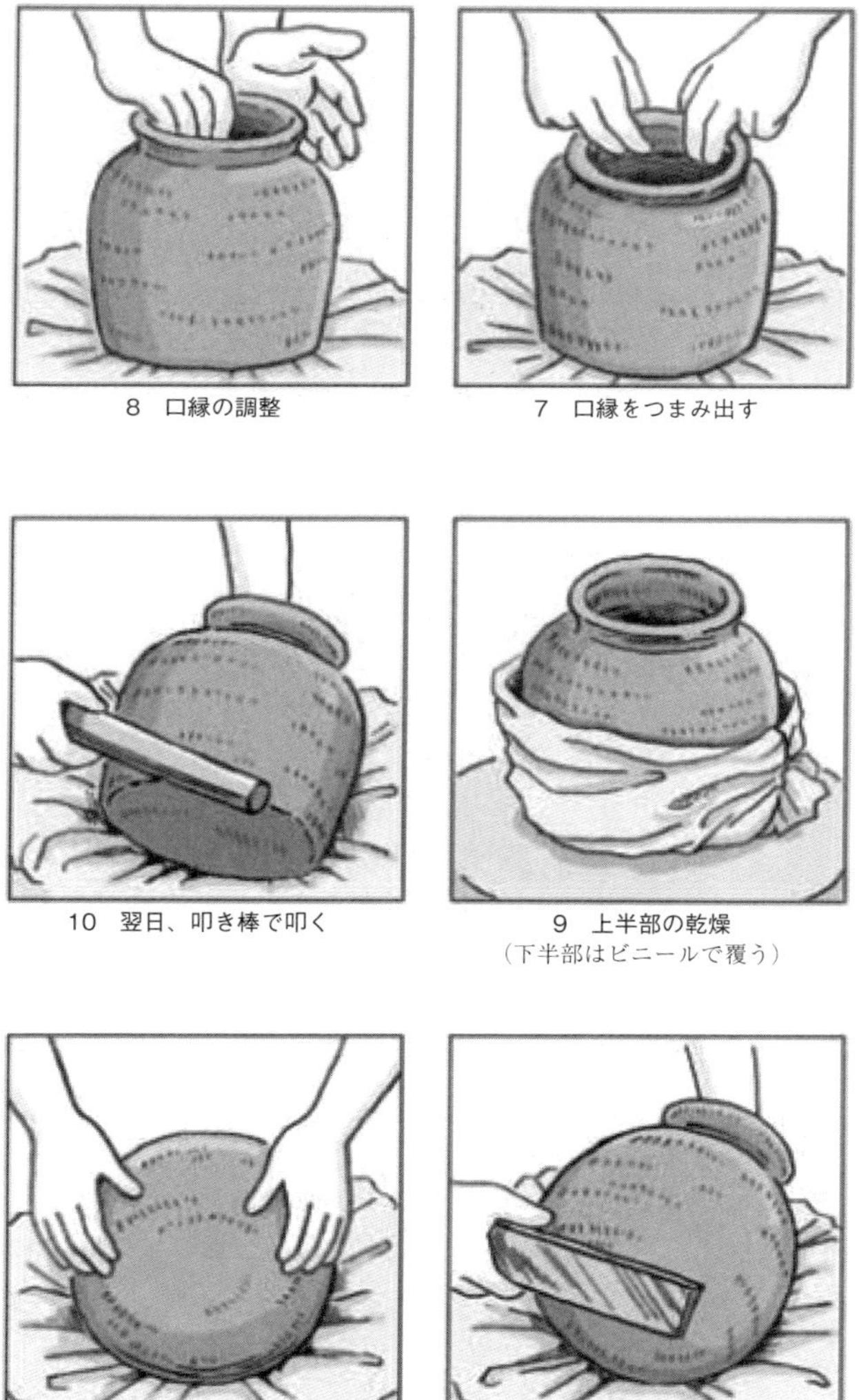

7　口縁をつまみ出す

8　口縁の調整

9　上半部の乾燥
（下半部はビニールで覆う）

10　翌日、叩き棒で叩く

11　叩き板で丸底にしあげる

12　なでて、調整する

ヤミ族の壺成形（2）

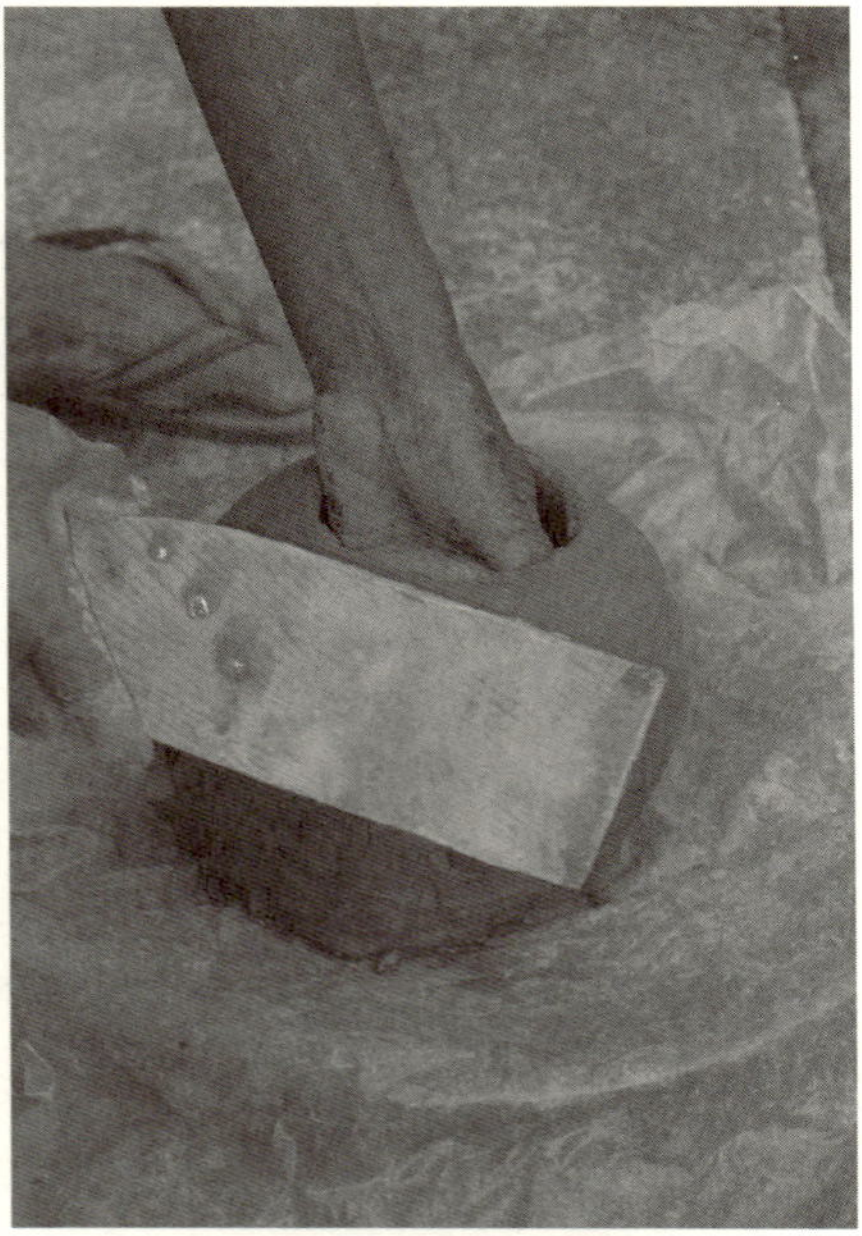

叩き技法（台湾・蘭嶼）

いるのは、このためである。

　成形の方法は、おおきく二つに大別するのがいいと思う。叩《たた》き成形とロクロ成形である。叩きとはその名のとおり、叩いて、粘土をのばし、ふくらませていく技術だ。具体的な事例として、台湾のものを紹介しておこう。台湾の壺の成形であるが、底板をつくり、また、板状の粘土を用意し、ザックリとコップ形をつくる。これを叩くのである。ここでは、棒状や板状の道具を、状況にあわせてうまくつかいわけながら、まずは、上半分をつくってしまう。下はコップ形のままであるが、一日、乾燥させて、翌日、しあげていく。ドーナツ形の「座布団」のようなものを用意し、そのうえに、成形途中の作品を横にねかせて、さらに、叩いていくのである。

　なお、外側から叩くのであるが、叩くだけでは土器はつぶれてしまうので、内側から、「あて具」をあてておかなければならない。このあて具のかたちはいろいろだけれど、マッシュルームようなかっこうのものをよくみかけた。でも、自然の石をそのまま転用する、なんてこともあった。

叩き技法のばあい、土器を叩いては、すこし回し、叩いては、また、回す。すこしずつ、すこしずつ、丁寧にふくらませていくのである。だから、必然的に、土器のかたちは球形になる。いや、球形のものしか、基本、つくれない。自由につくりたいのなら、おすすめできない成形技術である。でも、根気よくやれば、薄く、均一な厚みの土器を成形できる。それこそが、この方法のつよみだと思う。

かたや、ロクロ。やや柔らかい粘土を回転するロクロの中央にすえて、回転力を利用して、粘土を引っぱりあげていく。これを、「水挽《みずび》き」という。電動ロクロのまえに陣取った陶工が、真剣な面持《おもも》ちで、無心に粘土を挽《ひ》きあげている。そんな光景を、写真や映像でみた経験のあるかたもすくなくあるまい。標準的な日本人が思い描く成形技術は、ロクロでしょう、やっぱり。

そして、ロクロには、いろいろなタイプがある。たとえばバングラデシュでは、車輪状ないし円盤状のおおきなロクロをつかうことがおおい。直径はゆうに一メートルをこえるものがほとんど。で、一、二分、力一杯、目一杯、木の棒でロクロを回す。いきおいのついたロクロは、「慣性の法則」にしたがって、二、三分、回転してくれる。回転するロクロのうえに設置された粘土を、陶工は素早く水挽きしていくのである。でも、やっぱり、「慣性の法則」に頼っているだけに、そんなに長時間の成形なんて、できやしない。

その点、私がエジプトでみた蹴《け》ロクロは、工夫が凝《こ》らされている。蹴ロクロは、上下二枚の円

エジプトの蹴ロクロ
陶士はくわえタバコで作業している

バングラデシュのロクロ
腰、めっちゃ、疲れそう…

盤を軸でつないだ構造。下の円盤を蹴れば、それにあわせて、うえの円盤も回る。だから、蹴りつづけるかぎり、ロクロはまわり、成形をつづけることができる。回転に強弱をつけることだって、可能。バングラデシュ・タイプにくらべれりゃあ、つかい勝手抜群。それは、一目瞭然。

なお、バングラデシュのばあい、壺を成形するとき、ロクロと叩きの技術をミックスしてつかっており、とても、面白いと思う。すなわち、粘土を挽きあげて、口の部分までをつくる。この時点では、底がぬけている状況である。ここに、べつに、底を用意する。ロクロで挽いた部分のはしをすこし折りまげて、そこに底をはりあわせていく。さらに、つなぎ目を中心に叩き、全体をすこしふくらませれば、完成である。いわば、ロクロと叩きの折衷の技術であるといえるであろう。

そして、焼成。粘土は焼けば固まって、器としての形状を保持してくれる。焼成とはすなわち、この「焼結」という現象を利用する技術にほかならない。焼結した土器は、粉々にわれてしまうことはあっても、くちはてはしない。だからこそ、一〇〇〇〇年以上もまえの縄文土器が出土するのだ。で、焼成であるが、これが陶磁器になると、ちょっと、たいへんである。一二〇〇℃とか、一三〇〇℃あたりまで温度をあげる必要があるからだ。じっさいにやってみれば、あきらかなのだが、この温度を達成するのは、ケッコウ、タイヘン。とりわけ、一〇〇〇℃をこえたあたりから、さらに温度をあげていくのは、ホントニ、ヤッカイ。じっさい、高温にしなければならない陶磁器の焼成などは、一週間におよぶ例すらある。そのくらい、時間がかかる。どうしたって、かかってしまうのだ。

でも、土器はそこまでしなくていい。七〇〇℃から九〇〇℃でいいから、基本、数時間ですむ。一〇時間をこえる焼成はめずらしいと思う。野焼きとよばれる、もっともシンプルな焼成であれば、二〇分以内で焼けてしまう。コリャア、ラクチン。家事の合間に女性がつくるのだって、コレなら、まあ、許容範囲であろう。この手軽さこそが、土器の真骨頂。だからこそ土器は、ながいこと、いろんな場所でつくられつづけたのだ。

焼成の技術もさまざま。西アジアなどでは、ふるくから、昇焔式窯《しょうえんしき》とよばれる専用の窯がおおい

1　ロクロによる水挽き

2　ロクロから切りはなす

3　上半部ができる

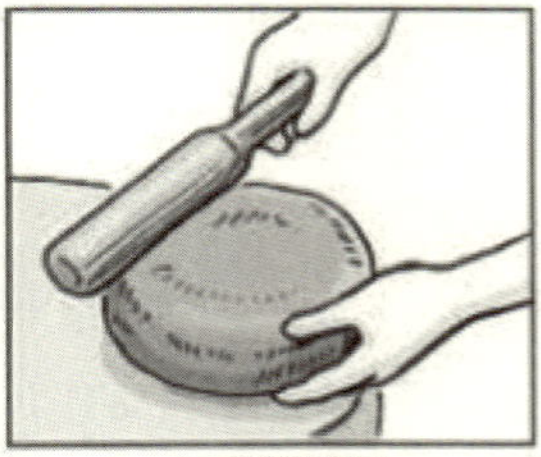

4　円盤を叩く

5　碗状をべつにつくり、底とする

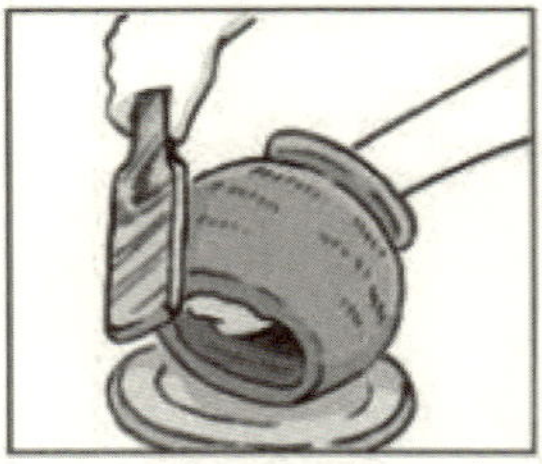

6　上半部のはしを折りまげる

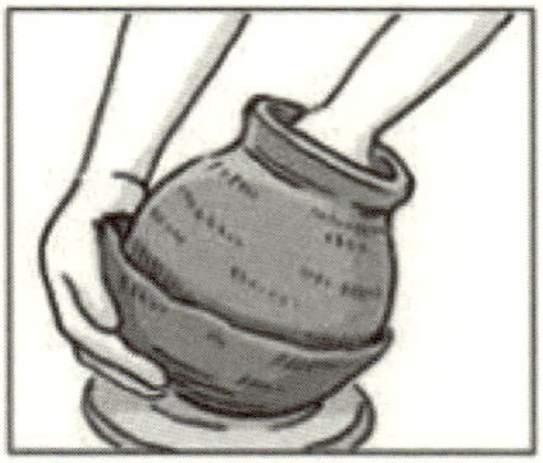

7　底とはりあわせる

8　叩いてふくらませる

バングラデシュの壺成形

に隆盛した。昇焔式窯とは、作品をおさめる焼成室と、燃料を燃やす燃焼室を、上下に配した構造の窯である。燃焼室で燃やした燃料の炎が、焼成室へと立ち昇《のぼ》り、そこにおさめられた土器を焼きあげるというしくみだ。昇焔式窯の長所といえば、キレイに焼きあげることができる点であろう。燃料と土器が直接ふれないから、燃えつきなかった燃料から発生する炭素が土器に吸着してしまうのを防いでくれるのだ。炭素が吸着すれば、「黒いシミ」となって、土器の表面にのこってしまい、かつ、このシミ、洗ったって、落ちやしない。シミに悩まされることなく、キレイな彩色を土器にほどこしたいのなら、昇焔式窯で焼くのがのぞましい。そういう理屈になる。

西アジアを中心に隆盛した昇焔式窯は、古代エジプトの壁画にもそれとおぼしき窯が描かれているし、じっさいに、メソポタミアでは紀元前七〇〇〇年の窯跡が検出されている。だから、とてもふるいのだが、もちろん、突然、忽然《こつぜん》とすがたをあらわしたわけではない。では、昇焔式のまえは、なんだったの？ いわゆる野焼きである。この野焼きというヤツも、ナカナカ、ドーシテ、奥がふかい。もっともシンプルなものは、まあ、焚《た》き火みたい。土器をならべ、燃料をそのうえにおいて、火を点ける。ただ、それだけ。焼き芋を焼くのと、みた感じ、あまりかわらない。そう考えていいと思う。

で、この野焼き、荒々しく炎があがる。なんたって、さえぎるものがなにもない、開放型だ。だもんだから、熱も容赦なく拡散してしまう。熱効率的には、あまりよろしくない。で、登場するのが覆《おお》い型の野焼きである。以下、はんざつをさけるために、「覆い焼き」と表現したいと思う（開放型は、そのまんま、「野焼き」とする)。

で、覆い焼きであるが、なんで覆うかというと、稲藁《いなわら》である。え？　稲藁なんかで覆って、それで効果なんてあるのだろうか？　私も最初はそう訝《いぶか》っていたが、どーして、どーして。稲藁には珪酸《けいさん》という成分がふくまれていて、これがけっこう、頑丈なんです。頑丈だから、燃やしても、燃えつきない。だから燃えのこって、フタの役割をはたしてくれるから、熱の拡散をおさえてくれるのである。稲藁のうえに、籾殻《もみがら》や灰、泥などをさらにかぶせれば、効果はさらにあがっていく。よりしっかりと、じっくりと、土器は焼けていくのである。覆い焼きは野焼きの発展形といっていいと思う。

ちなみに、コレ、麦藁《むぎわら》でもいいのでは？　おなじ稲科の植物だし。と、考えられるのだけれど、サニ非《あら》ズ。とある研究によれば、麦は稲の半分ほどの珪酸しかふくんでいない。よって、無理に麦でトライしても、稲のばあいの半分の保温効果しか見込めないはず。という推測は一定の蓋然性《がいぜんせい》をもっているのだ。やっぱり、稲をつくるところ、すなわち湿潤アジアにおいて、覆い焼きは生まれるべくして、生まれた。麦だったら、ちょっとむずかしい。麦をつくる乾燥アジアでは、なかなかそういう発想にいたらない。そんなふうに、私は想像している。

そして、思いしる。

乾燥アジアと湿潤アジアの懸隔《けんかく》を、である。野焼きから、早い段階で、昇焔式窯へと飛躍した乾燥アジア。たいして、湿潤アジアは、野焼きを改良し、覆い焼きへと移行した。そこに飛躍感は皆無《かいむ》。つまり、乾燥アジアと湿潤アジアは、ぜんぜん、ちがうのだ。しかも、そのちがいはとても、鮮明で、明確。だからこそ、このちがいは、両アジアの文化的特性のちがいでもあると示唆されるのである。土器づくりを俯瞰《ふかん》してながめると、そこには、アジア文化の構造が浮かびあがってくる。縮図みたいなものがひそんでいる。いまはそう、考えているのだが、考えすぎだろうか？

さきに、すすもう。

様式

さて、さて。マナドの西にあるプルタンでは、三〇軒ほどの工房が操業している。陶工は、山中でとれる粘土を購入し、つかうという。専用の機械を駆使して混錬《こんれん》するが、一種類の粘土を単身《たんみ》で利用し、ここに砂などをくわえることはしない。

プルタンにおける土器成形の技術は、二種類ある。専用のロクロによる技法が一つ。いくつかの工房でロクロをみせてもらったが、きまった定型はない。唯一、通底するのは、回転盤を上下に配し、下の回転盤を足で蹴り、その回転力を利用して、うえの回転盤上で、作品を水挽き成形するのである。いわゆる蹴ロクロであり、私は同様のものをエジプトでみている。

聞けば、このようなロクロは、一九八〇年代年代以降、主としてジャワ島のプレレッドというところからもたらされた技術だという（プレレッドについては、「進化」の項で詳しくのべる）。じっさいにプレレッドの陶工がプルタンにきて、技術指導にあたったこともあれば、プルタンの陶工がジャワ島で開催された研修にわざわざ出むき、そこでプレレッド陶工にならったこともあったという。さまざまなかたちで、でもガッツリと、プレレッドからの技術影響をうけているのだ。ロクロの形状がいろいろであるのは、ロクロという概念が伝えられ、おのおのの陶工が各自、創意工夫したということを物語っているように思う。ロクロは強要されたものではなく、各自が納得して、みずからの意思で導入したもの。そんな、ある種、自由闊達《じゆうかったつ》な雰囲気があったように感じられるのだ。

一方、叩きに頼る技術もある。これは、粘土を叩き板によってのばしていく技術であり、これも、すでにふれた。東・東南アジアから南アジアにかけて、わりとよくみられるものであって、私もじっさいに台湾やバングラデシュで同様の技術をみた。ただし、叩き技法はロクロにとってかわられる傾向がつよいと思う。

たとえば、日本。弥生時代あたりには叩きで土器を成形していたとされるが、ガッツリ陶磁器を生産するころまでには、ロクロ成形がスッカリ主流となる。その理由について、キッチリ説明をつけるのはむずかしい。私の印象では、理由の第一候補にあげられるのは生産性・商業性だと思う。手作業の叩きにくらべ、ロクロであれば、大量生産が可能であり、規格もおのずとそろってこよう。商品として売るんなら、おなじ規格のものを手早く、大量につくりたいよね？　じゃ、叩きよりロクロのほうが、融通もきくし（叩きだと球形のものしか、基本、つくれない）、イイね！　そんな利点が、叩きからロクロへの移行をうながすと考えられるのだ。のだが、プルタンでは、両者が同居しており、いわば過渡期的《かときてき》な様相をていするのである。

　焼成の技術はどうだろう？　プルタンには燃料を燃やす燃焼室の直上に、作品を設置する焼成室を配した、いわゆる昇焔式の窯が操業している。下の燃焼室で燃やした燃料の炎が上昇し、うえの焼成室の土器を焼きあげるしくみである。プルタンの昇焔式窯は、成形技術とおなじく、プレレッドにならったものである。陶工自身がそのように認識しているし、なによりの証拠は天井、その形態である。プルタンの窯の天井は、階段ピラミッドのような、ギザギザの四角錐をしている。そして、そんな奇妙奇天烈《きみょうきてれつ》な天井の窯をつかっているのは、インドネシア広しといえども、プレレッドくらいのもの。プルタンの陶工がプレレッドの窯をまねたことに、うたがいの余地はなさそうだ。

階段ピラミッド状の天井をもつプルタンの昇焔式窯

　窯による焼成とはべつに、覆

まるで焚き火のよう
プルタンの覆い焼き

い焼きの技術も、のこされている。じっさいの焼成にたちあう機会にめぐまれたので、以下に紹介しよう。私のわがままを聞いて、きゅうきょ、焼いてくれたのだ！

　まずは一メートル四方ほどのスペースの四隅に、レンガ二枚ずつをかさねて、おく。通常はこの倍の規模なのだそうだが、そのさいにはさらに二か所にレンガをおく。ようは、一メートル間隔でレンガをおいていくのである。レンガとレンガを橋渡しするように木材をならべていくが、これが土器をのせる台となってくれる。つまりは、「嵩上《かさあ》げ」をするのであるが、これは、通風を意識したものだろう。湿気のおおいインドネシアでは、欠かせない工夫だと思う。木材のうえに土器をならべ、さらに燃料をのせ、最終的には蔓《つる》状の植物で全体を覆い、焼成する。覆いにするのは、比較的燃えにくい燃料。組織が燃えのこって覆いとなって、熱を逃がさない効果が見込めるのだ。

そもそも、土器焼成のスタートは、焚き火のような野焼きだったことだろう。でも、シンプルな野焼きだと、せっかくの熱も逃げ放題。熱の拡散を防ぎ、できるだけしっかりと土器を焼かんとすべく、燃えにくい燃料で覆うようになったのだ。一般には稲藁をもちい、さらに入念を期するばあいに、さらに籾殻、灰、泥などで覆うのである。このような覆いはだから、その都度架構《かこう》される、「つかいすての窯」といえなくもない。

黒斑

プルタンの覆い焼きには、オマケがある。火勢がおさまってくると、土器をとり出してしまう。ところで、降温時に、土器と燃えつきていない燃料がせっすると、炭素が発生して、「黒いシミ」となり、表面にのこってしまうのはすでにのべたとおり。このシミを「黒斑」というが、この「黒い斑点」を回避するもっともシンプルな方法は、「とり出し」だろう。シミが発生するまえに、とり出してしまえば、いいのだ。

このようなとり出しの慣行は、さほど、めずらしくはないのだが、開放的な野焼きにふずいしてみられるのがつねである。覆い焼きにとり出しがともなうプルタンの事例は、それだけ、野焼きの要素を引きずっていると解されよう。プルタンの覆い焼きは嵩上げだってするから、純然たる野焼きからはすすんでいる。が、冷却を待ってとり出すような、密閉度の高い覆い焼きの域にはいたっ

まだ熱い土器に樹脂をぬりつける
（スラウェシ・プルタン）

ていない（泥などで覆うと、焼成がすんで、覆いをこわしてからでないと、土器をとり出せない）。開放型野焼きと完全な覆い焼きの中間。そんな評価がふさわしかろう。

で、ココからも、オモシロい。とり出し直後の、熱をおびた土器にたいして、プルタン陶工は、樹脂《じゅし》をぬりつける。すると、透明な皮膜で覆われるのである。ぬっているうちにも、土器はどんどん冷めちゃうから、樹脂を内と外の両方にぬるのは、できないみたい。内面か外面のいずれかに限定されてしまうみたいだが、それでも、パッと見、釉薬《うわぐすり》（陶磁器などの表面をコーティングするガラス質のこと）をかけたみたいではある。でもね、作品を日本にもち帰って、しばらくしてさわってみたら、心なしかベトつくような……。それでも、ちょっとは、釉薬のような効果が期待できるんでしょう。人類と土器のつきあいは一〇〇〇〇年以上におよび、すこぶるながいのだが、やっぱり、すこしでも撥水性《はっすい》のある、なめらかな器がほしかったんでしょう、人類は。ふと、そんなことに思いをはせた。

しかし、プルタンは昇焔式窯への依存をいよいよ高めている。当然の帰結として、樹脂を塗布する慣行もうしなわれつつあるようだ。聞きとりを実施した二六軒のうち、窯を築いている工房は七つにとどまったものの、これらの窯持ち工房に焼成を依頼したり、窯を借用する工房は一七を数えた。つまり、なんらかのかたちで窯焼成に依存しているのは、二四軒。二六分の二四だ。たいして、伝統的な覆い焼きのみに頼っている工房となると、二軒。たったの、二軒、ですよ？　窯が導入されたなどという、なまやさしい表現では足りません。いやいや、むしろ、窯への移行は完了しつつあるとみるべきであろう。

覆い焼きこそが、文字どおりの「風前の灯《ともしび》」なのだ。覆い焼きというのはダイナミックでみごたえバッチリだし、古代の技術とのかんれんも想像されるから、個人的にはのこってほしいけれど、そんなのは部外者の無責任な感傷にすぎないのだろう。わかってはいるんだけど、でも、プレレッドの昇焔式窯をパクり、パタッと覆い焼きをやめてしまうのが、ほんとうによいことだったのだろうか？　聞けば、わがＪＩＣＡ・国際協力機構も、プレレッド・スタイルのプルタンへの移植に一枚噛《か》んでいるとか、いないとか。でもそれって、ほんとうに正解だったのかなぁ？

くり返しになるが、一九九〇年代以降、主としてプレレッドの技術が、プルタンへと移植された。では、なにがどうかわったのか? これについては、プレレッド・インパクトよりまえにプルタンをたずねた研究者がいて、レポートがのこされている。かっこうの比較データだ。

で、レポートによれば、プルタンではかつて、土器をつくるのは女性であったという。叩きで土器を成形し、覆い焼きで焼きあげていたそうだ。成形の技術にかんしては、叩きの技術があったところに、ロクロがくわえられたとみることができる。工房をみて歩けば、叩きの技術もまだまだ健在ではあるけれど、完全にロクロに切りかえてしまった工房もすくなくない。でも、とりわけ、けんちょにかわってしまったのは、焼成技術のほう。覆い焼きの技術伝統に窯焼成がもたらされたことになるのだが、すでにのべたように、二六軒中二四軒、じつに九〇%以上が窯焼成への移行を終えているのだ。

つまり、つまり。ここ三〇年ほどのあいだに、焼成技術はおおきくさまがわりしつつある。伝統的な焼成技術は、三〇年もあれば、あたらしい技術に置換《ちかん》されてしまうのだ。窯ならば構造物がのこるかもしれないが、覆い焼きはその痕跡をほぼのこさない。文字どおり、あとかたもなく、きれいサッパリ、ショウシツしてしまう。と、考えてくると、プレレッド・スタイルを受容したことがよかったのか、悪かったのか。おおいに問われることになるでしょう。あたらしい生産スタイルに

土器を売る店
（ジャワ・プレレッド）

よって、生産が安定し、陶工の生活がうるおうのなら、それもいい。でもね、しょせん、土器は土器だ。土器がそのほかの器にどんどんとってかわられてしまうのが、昨今の抗《こう》しがたい趨勢《すうせい》である。プレレッド・スタイルによって生産が安定すれば、土器の商品価値が高まることはあるだろう。そりゃあ、ちょっとは売れるかもしれない。

でも、それが、ながつづきしないのなら（その可能性が残念ながら高いのだが）、プレレッド・スタイルの導入は、土器づくりの「終わりの始まり」になりはしないか？ 生産性のみを判断基準にすえてしまえば、その終着点ははげしい淘汰《とうた》の世界。インドネシア全土、ひいては、世界を相手にした熾烈《しれつ》な競争が待っている。そのとき――。プルタンが勝ちのこる保証など、どこにもない。ましてや、土器なんぞ、いわんやをや。勝算など、かぎりなくゼロにちかいと思う。

むろん、そんなことは当事者が決めりゃあ、それでいい。第三者が、トヤカク、口をはさむ問題でもあるまい。でもあえて、第三者がコミットするのなら、冷静な判断力と相当の覚悟が必要だ。経緯を注意ぶかく見守り、的確でかつ不断のバックアップをいとわない継続的・持続的なサポートが必要だ。必要だけれど、ヤッパリ、そりゃあ、むずかしかろう。でも、当事者は喜んでいるように、みうけられるしなぁ……。国際協力のむずかしさを思わずにはいられない。

そしてジェンダーである。プレレッド・インパクトの前後では、土器のつくり手がおおきくかわっている。そもそも女性のみがたずさわっていた土器づくりに、男性も参加するようになった。換言すれば、女性による独占の状況が崩れて、男性が参入してきたのだ。聞きとりをした範囲では、男性三一名にたいして、女性は五〇名。比率でいえば、男一対女二で、つまりは、逆転こそゆるしてはいないが、男性優位へとかなりふみこんだといえよう。

私がじっさいに見聞したところだと、叩き成形・覆い焼き（野焼き）を主とする台湾（アミ族）とエジプト（シーワ・オアシス）の事例で、土器のつくり手は女性であった。一方で、ロクロを部分的に導入し、独自の焼成施設を選択・受容したバングラデシュ（チョウハット村）ではほぼ男女比一対二であって、プルタンと同様であった。そして、ロクロ成形・窯成形への移行を完遂したエジプト（シーワ・オアシス以外）では、土器づくりはほぼ完全に男性の仕事になっている。エジプトにおける唯一の例外であるシーワ・オアシスは、叩き成形・野焼きの伝統をのこす事例である。

どうも、ロクロや窯を導入すると、土器づくりは一気に男性優位へと傾斜してしまうものらしい。

分担

では、なぜ、ロクロをつかいはじめると男性がめだってくるのか？　すこし、考えてみよう。

そのむかし、マードックという高名な民族学者がいて、たいへん参考になる研究をのこしてくれている。彼は世界各地の情報を渉猟《しょうりょう》し、工芸とジェンダーのかんれんについて、言及している。おもに男性が主体となる男性優位労働、女性による女性優位労働、そしてその中間、といった分類を試みたのである。古典的な研究ではあるが、伝統的なライフスタイルがまだまだ色濃《こ》くのこされていた一九三〇年代のデータに依拠《いきょ》している点で（ベースとなる論文の発表は一九三七年である）、学ぶべきところがおおいにあると私は積極的に評価している。

で、その成果にもとづけば、木工や石工（採石）はほぼ男性によってうけもたれているのである。ロクロの材質もさまざまであろうが、基本、木や石であろう。ならば、木や石を素材とするロクロを準備するのは男性であることがほとんどで、必然的に、男性の参画がうながされた。そのように考えても、おおきな矛盾はなさそうだ。

ここには、築窯もおおいにかんれんしていると思う。レンガをつみあげて築く窯は、いわば家づくりにもにている。マードックによれば、家づくりも男性優位労働である。窯の導入が、男性優位

ロクロを挽く女
（インド・チャウニ）

への傾向をもたらすことこそあれ、女性優位を温存するファクターになるとは考えにくい。ロクロや窯の導入が、土器づくりを女性の手から男性へと移管させたという推測がなり立つのだ。

　そしてすくなくとも私は、ぎゃくのことを示す事例にお目にかかったことがほとんどない。いや、げんみつを期せば、後述するように、プルタンというところで私は「ロクロを挽く女」を目撃したし、さいきんではインドでもみかけた。つまり、例外はある。あるけれども、あくまで例外なのだ。だから、ロクロと窯の導入と、男性陶工への傾斜は、おおいにかんれんしている。と、なかば、確信的に思っている。

　なお、「挽く」という言葉は、第一義的には、のこぎりを挽いたり、コーヒー豆を挽いたりするわけで、切ったり、削ったりする行為をさす。でも、ロクロをそんなふうに挽いてしまっては、たいへんだ。そこで、二番目の用法となる。ロクロを回してなにかをつくることを、挽くと表現することもあるのだ。とりわけ、陶芸の世界では、ロクロのうえで粘土を成形することを、「水挽き《みずび》」といい、転じて、ロクロを回すことを、「ロクロを挽く」と表現する陶工や研究者はすくなくない。たしかに、ロクロを「回す」あるいは「つかう」といったほうがげんみつであるかもしれない。しかし、「挽く」というほうが、なんか、風情があるような気がするのは、私だけでしょうか？本書では、「ロクロを挽く」という言い回しにこだわってみることにした。

はなしを戻す。土器づくりそのものについては、八〇％の割合で、女性優位労働であるとされたのである。女性が土器づくりを一〇〇％になう状態から、その二〇％ほどの事例で、男性が参画している。そんな状況でえられたデータであると判断できる。ただしこれは、一九三〇年代までのはなし。世界史では一九七〇年以降を現代に区分するという見解もあるのだそうだが、現代にかわるまでに三〇年、かわってからは四〇年以上が経過している。おそらく、いま、おなじ調査をすれば、土器づくりにしめる男性陶工の割合はとても高くなっているはず。

と、考えてきて、それでもなお、思わずにいられないのは、ジェンダーにおける地域性だ。すでにふれたように、インドネシア（プルタン）やバングラデシュ（チョウハット）では、男性一にたいして女性二である。男性優位への傾斜は否定できないが、女性陶工もふみとどまっているともいえる。

しかし、これがエジプトまでいってしまうと、劇的にかわる。ほぼ男性の独擅場《どくせんじょう》になってしまうのだ。ロクロと窯の導入という技術の面では、条件は一緒。だったら、関与の男女差のかたよりは、当該文化のちがいに直結してくるのではあるまいか？　技術変化という局面をむかえたとき、男性におおきく傾斜していくのを選択する文化と、女性がふみとどまる文化が、ある。ある、と思うのだ。

インドネシア、バングラデシュ、エジプトをくらべるというのも、ちょっと無理があるのだが、あえて線引きをしようとすれば、わける根拠は気候になるだろう。湿潤アジアでは女性参加が比較的温存され、乾燥アジアでは男性優位へとほぼ完全に移行してしまう。この落差はおおいに気にかかるところだ。

かつてアジアについて考えたときに、私は乾燥アジアと湿潤アジアの相克《そうこく》に目をうばわれた（拙稿「乾燥の戦略／湿潤の思考：土器づくりにみる東西アジアの対比」『教育と研究』第三六号、一九一三四頁）。考古学者・藤本強が指摘していることなのだが、乾燥し、視界をさえぎるもののすくない乾燥地域では、他者との交流が前提となる。そもそも乾燥地域は植生がけっして豊かではなく、産物にもかたよりがあるから、交易をせねばならぬ。そんな事情も手伝って、どこまでもつづくネットワークが構築される。そこは熾烈《しれつ》な競争の世界だから、おのずと、男性が矢面《やおもて》に立つことに。

もちろん、競争をやすやすと勝ちぬいてしまう女性だって、いるでしょう。でも、そこはルールのない、いわば戦場だ。相手を出しぬいて、ときとして、力づくでねじ伏せる腕力や、旗色が悪くなったら、全速力で逃げる脚力だって必要だ。となれば、そうした役割が体格に勝る男性にわりふられる割合は高くなろう。すくなくとも、家庭のそとのことや、そとにかかわることは、男の力の見せ所となるのである。

かたや、湿潤地域。そこは植生も豊かで、さまざまな食料を身近なところで入手可能。めんどくさい交易は必須ではない。もちろん、完全なる自給自足という状況は考えにくいものの、ひとはちいさな村落を形成し、基本、そこで一生を終えることだってできる。ちいさな村落において、他者を出しぬく必然性は希薄。ならば、伝統的な分業体制を改変する必然性も低かろう。土器が女性によってつくられるのなら、それはそれで、そのままでいい。そんな意識がはたらけばはたらくほど、女性主体の土器づくりは色濃くのこされていくだろう。

そして、湿潤地域でつくられるのはコメである。すでに、ちょこっと、言及してしまったけれど、ここでは、石毛直道という文化人類学者の説に耳をかたむけなければならない。なんでも、コメは必須アミノ酸にとみ、植物性たんぱく質をおぎなえば、それで、食生活がなり立つという。ますます「引き籠《こも》る」ことが可能だ。コメ食うひとびとは、閉鎖的な農村において、コメ中心のライフスタイルを堅持すれば、それでよい。

たいして、乾燥地域ではムギ。ムギはコメほどには必須アミノ酸をふくまないから、動物性たんぱく質を併取しなければならない。遊牧民・牧畜民との交易なしに、麦作農民が食生活をなり立たせるのはむずかしい。よって、他者との対峙は必然で、それはときとして苛烈な競争をまねく。競争を勝ちのこるためには、柔軟な姿勢こそが肝要であって、伝統的な生活様式・価値観に拘泥《こうでい》するナンテ、アンタ、モッテノホカ。湿潤地域との落差は、誰がみても、明々白々であろう。

ご飯か？　パンか？　現代の日本では、どっちを食べるかなんて、そのときの気分で決めりゃいい。けれども、どちらに軸足をおくのか、あるいは、どちらを基層とする環境・社会にじぶんがいるのか。このちがいは、とてつもなくおおきいのである。だって、男女による分業のありかた、ひいては、社会における男性・女性の「立ち位置」にも、おおいに影響してくるのだから。プルタンで調査をしつつ、ふと、そんなことに思いをはせた。

轆轤

私のささやかな調査成果と先行研究をつきあわせれば、プルタンの今昔物語を描出することが可能だ。それは私たちになにをかたりかけてくれるだろう？

プルタンにおける一つのおおきな画期は、プレレッドから技術影響をうけたこと。それはまちがいあるまい。あたらしい技術体系への移行は完遂されたわけではないようだが、ロクロ（轆轤）へと切りかえる工房はすくなくない。ロクロを導入した工房は二六軒中一八軒となっており、叩きのみに頼る工房七軒をおおきく凌駕《りょうが》した。つまり、ロクロを導入したからといって、即、叩きの技法が放棄されるわけではないのだ。

ロクロは叩きと共存しえるものであるらしい。でも、ロクロ成形と叩きでは、おのずと、つくられる土器のかたちはことなってくるだろう。ロクロを導入してなお、叩きがうしなわれないのは、叩きでしかつくることができない、あるいは、叩きでつくるほうがのぞましい土器の生産が継続しているから。そう考えるのが、道理だ。

そして、ロクロの導入にさいして、とてもではないが、無視できないことがある。プルタンのばあい、ロクロの使用者が男性に限定されないのである。たとえば、エジプトにおいては男性による土器づくりが圧倒的だが、たまに女性が手伝うことがある。そうしたとき、女性がロクロをつかうことはないのかと質《ただ》したところ、断言されてしまった。女性がロクロをつかうなんてありえない、と。すくなくともそれが、エジプトにおける一般認識なのだ。

また、バングラデシュでも成形にロクロをつかうが、女性がそれにふれることはない。バングラデシュは貧しい国で、出稼ぎがおおい。土器づくり村とて例外ではなく、だから、男性陶工は出稼ぎで村をはなれるケースがすくなくない。そのような事態におちいった工房では、ロクロはどうするのか？　せっかく、あるんだから、女性がつかえばいいよね？　でも……

つかわないのである！　じっさい、男性陶工の不在によって、打ちすてられ、コケむしているロクロは、探せばゴロゴロしている。プルタンと同様にロクロと叩きが共存しているバングラデシュにおいては、ロクロをつかう男性がいなくなると、のこされた女性陶工は叩きのみでつくれる土器をほそぼそとつくりつづけるのであって、ロクロに挑戦する女性は皆無であった。

そうそう、さいきんインドにおいて、ロクロにまつわる、つぎのようなはなしを耳にした。

「女性は最初から、ロクロなんてやらせてもらえないわ。ロクロ仕事は花形だから、男性が独占するのよ。でも、もう、ずーっとそういうものだし、とくに不満も感じませんねぇ」

ロクロを挽く女
（スラウェシ・プルタン）

インド人のこのような感覚は、バングラデシュやエジプトにまで通じるものだ。かくも、ロクロとは男性が挽くものであるという思いこみはつよい。普遍的に、つよいのである。

しかしながらプルタンでは、ロクロを利用する一八の工房うち、七つの工房で、女性もロクロを挽くという。そして、あとでいろいろと紹介をする予定だが、インドネシアでいくつかほかの工房をたずねても、ロクロを女性が駆使する事例は、ほんとうに、まれだ。

とある本に、「斜めロクロ」という独特のロクロを女性がつかっている例が報告されていた。インドネシア・ジャワ島中部のバヤットという村である（川崎千足『インドネシアの野焼き土器』、京都書院）。これなんか、ホント、めずらしいケース。プルタンにおいて、女性がロクロをつかっているのは、それはそれは、とてもとても、特例的な事例となる。

とはいったって、プルタンでも、全体的にみれば、ロクロをつかうのは男性が主流であり、女性はすくない。そう、だから、女性がロクロを挽くという例外をプルタンは許容している。そう、考えるのがシックリくるのである。つまり、ヤッパリ、ロクロは男性がつかうものとみて大過ない。でも、じっさいに女性がつかう例外が存在する以上、ロクロは男性が挽くということを、生物学的な性差で説明するのはあきらめたほうがよい。そうなのだ、ロクロは男性が挽くべきなんてルール、思いこみ以外の何物でもない。幻想でしかないのだ。

でもね、そんな幻想が、エジプトやバングラデシュあたりだと、忠実に守られている。ロクロこれすなわち男性が挽くという性別分業規制は、ハッキリ、ガッツリ、キッパリ、ある。それがインドネシアだと、若干ではあるけれど、崩れている。インドネシアまでを視野におさめるとき、ロクロの使用者の性別はとても深甚な意味あいをおびてくるのである。

と、気づき、自信満々、意気揚々《いきようよう》と、このことを学会で発表したら、足元をすくわれました！ミャンマーあたりだと、けっこう、ロクロを女性が挽くという。うーむ、なるほど……、え？　ミャンマー？　ミャンマーって、バングラデシュのとなりだぜ？　そこで急に切りかわっちゃうの？でもねぇ……。じっさいに、レポートを読んでみたら、女性が主体になっていとなむ土器生産に、バッチリ、ロクロが導入されていました。うーむ、なるほど……。

バングラデシュとミャンマーをへだてるのは、チッタゴン丘陵、そう、丘陵にすぎない。ひとびとの行く手をはばむ、峻険《しゅんけん》な峰々ではないのだ。ものの本によれば、標高にして六〇〇～七〇〇メートルほどにすぎず、だから、おおくの少数民族もじっさいに往来しているようだ。じっさい、丘陵をおりたバングラデシュ側のコックス・バザールというところには、ブルマ（＝ビルマ、つまりはミャンマー）・マーケットがあるし、ミャンマー人もわずかながら、入ってきて、くらしていた。バングラデシュとミャンマーのへだたりは、ひとびとの往来・交流を拒絶するようなものではなく、はっきり申せば、ハードルとしては低い。断固、低いのである。

そんな低いハードルをへだてて、ロクロをめぐる性別分業規制がガラっとかわっていくのだから、面白いったらありゃしない。ミャンマーをふくむ東南アジア大陸部と、バングラデシュ・インドを中核とする南アジアは、だてに地域名称がちがうのではなかったのだ。気候や風土、民族、文化といったさまざまな要素が遷移《せんい》していく、文字どおりの、ターニング・ポイントなのだ。

そして、南アジアのむこうは、西アジア・中東地域がひかえており、そこはもう完全な別世界。アジアはかくも複雑ではあるけれど、東南アジア、南アジア、西アジアと、キッチリかわっていくのだから、その点では、整理もつく。切りかわっていくターニング・ポイントをふまえたなら、アジアはもっとわかりやすくなるはず。私は、たまたま、バングラデシュにむきあうことができたが、その意義はちいさくないと自負する。そしてそのことに気づかせてくれたのは、ほかでもない、プルタンでひたむきにロクロを挽く、名もない女性陶工であったのである。

原型

プルタンでは、基本、ロクロの導入と窯焼成への移行は相関しているようにみえる。私がとくに注目したいのは、窯の利用状況だ。築窯にいたった工房は二六軒中、七軒にとどまっていて、二六分の七だから、すくないんだけど、少数の窯を複数の工房が共用するかっこうになっていることはすでにのべた。じっさいには、ほとんどの工房が窯で土器を焼いている。ロクロと窯は歩調をあわせて、ものすごいいきおいで、主流をしめつつあるのだ。

集団主義的な思考のスタイルがみてとれるのも、気にかかる。これとは正反対の状況を、私はエジプトで目撃している。エジプト、とりわけカイロ以北のデルタ地帯には、工房が多数あつまって生産拠点をつくっていることがある。そこでは、ちいさいながらも、陶工はそれぞれ独立した工房をいとなみ、そこに、一基の焼成窯が附設《ふせつ》される。基本、そうなっている。だから、そんな土器づくり村はとても壮観だ。陶工の数だけ、ずんぐりとした煙突状の窯があるわけで、にょきにょきと窯が林立しているのである。

陶工のなかには、父親が健在で、べつの工房を切りもりしていることもあるが、親子は一切の共同作業をしないという。なんという、個人主義！　そんな個人主義がガッツリと根づいたエジプトでは、プルタンのような共同焼成など、お目にかかりたくとも、かかれない。両者の対比はとても際立っていると思う。

では、なぜ、個人主義（乾燥）と集団主義（湿潤）という正反対の状況が出来《しゅったい》するんだろう？私は、ここに、ご飯とパンの理論を、再度、もち出したいと思うのだ。

ご飯を食べる湿潤アジアでは、孤立した閉鎖的な村落が形成されやすい。そこに熾烈な競争はない。つねにおなじメンツとせっする境遇にあっては、しりあいへの配慮こそが欠かせない。個人主義的な考えかたや行動は、調和をみだすものであり、げんにつつしまなければならぬ。そんな行動規範をよしとするところに、窯の技術が入ってきた。だからこそ、足並みをそろえて、共同で対応する。少数の工房がこれを築き、関係する陶工とともに共同利用するのである。そのような集団主義的な調和を保持しつつ、技術は受容されていったようなのだ。

かたや、パンを食らう乾燥地域では、しばしば、みしらぬ他者との接触（交易）をしいられる。調和だって大事かもしれないが、でも、それは二の次、三の次。みずからの権利意識に忠実であろうとするのは自然、いやむしろ美徳ですらあろう。かような価値観のもと涵養《かんよう》されるのは、どうしたって、集団主義よりさきに個人主義なのだ。窯だって、だから、個人で築き、つかう。かくて、個人主義が支配的な乾燥地域と集団の規範を重んじる湿潤地域は、いちじるしく懸隔《けんかく》していくのである。

これは考古学をかじった者がついついしてしまいがちな空想（悪い癖）なのだが、プルタンが打ちすてられて廃墟となり、しばらくしてから同地が発掘されたとする。そのばあい、どのような結論が出されるだろうか？

エジプト、デルタの窯場（ムハンマド・ガウィーシュ）
ずんぐりた煙突のようなものは、すべてが、個人所有の窯である

窯は、乾燥アジア起源であるとよくいわれているし、私もそう思う。ならば、湿潤なプルタンに、七つの窯が築かれた「考古学的」事実は、乾燥アジアからの技術的な「浸食」を示唆するだろう。でも、その理解では本質はかすんでしまう。たしかに窯は受容されたが、乾燥アジアとは完全異質なプロセスを想定しなければならぬ。エジプト・デルタの事例にしたがうなら、窯は個人で築かれるものであり、その背景には個人主義的な戦略がみえかくれしている。そんな窯という技術はわりとシンプルにプルタンに導入されたものの、集団主義的な思考のありかたと折りあいをつけつつ、定着・浸透したのである。

つまりは、湿潤アジアが乾燥アジアからの影響を受容するのはたしかだが、でも、だからといって、うけ身一辺倒ではないのだ。みずからの行動規範を保持しつつ、選択的に技術をうけ入れている。あたらしい技術を受容しても、おのれの価値観はかえない。そんな自覚的・選択的なやりかたが湿潤アジアの根幹にあるように思えてならない。考古学にのみ頼っていては（決して考古学の学術的意義をおろそかにしようなんてに意図は、微塵《みじん》もありませんよ?）、ともすれば見逃してしまいそうな事柄こそ、民族誌の得意分野なのだ。だから、フィールドワークはヤメられない。

整理してみよう。プルタンにかかわる先行研究を参照するかぎり、女性が叩きによって成形し、覆い焼きによって焼きあげる。それが、土器づくりの祖型・原型だ。ここに技術的には、ロクロ・窯が導入された。ふずいして、男性の作業参加がはじまった。一方、個人単位で窯を操業するというスタンスまではとり入れられていない。地域社会の基層をなす行動規範・価値基準をある程度保持しつつ、技術の改変にすすんでいるのである。

と、するならば、女性による叩き成形・覆い焼き焼成で、なおかつ、集団主義的な紐帯《ちゅうたい》を保持するのならば、それこそは「最古層」にも位置づけられるべき、土器づくりの原初形態となるのだ。そう、みなすのにおおきな齟齬はないと思う。それは、土器づくりの、ひいては、人類の技術・工芸の歴史を紐解《ひもと》くうえで、このうえない基礎データとなること、ウケアイである。

でも、そんな都合のいい土器づくり、あるんだろうか? あったんです、これが! スマトラ島のガロガンダンというところに! もったいぶるようで、慚愧《ざんき》の念にたえないが、そのはなしは第四章にゆずらせていただきます、アシカラズ。

プルタンならびにマナドでの時間は、それはそれは、とてもとても刺激的であった。なぜなら、「異境」を感じさせてくれたから。同地はキリスト教徒がおおく生活している。おなじインドネシアだから、ジャカルタあたりをコンパクトにした感じだけれど、どことなく、雰囲気がちがう。むろん、調査中であったため、その恩恵に与《あずか》るのは厳に慎んだものの（まあ、水着を持参するのをウッカリ失念しただけなのだが……）、マリンスポーツもさかんで、外国人観光客もすくなくないという。ややリゾート地の軽快な雰囲気を醸しつつ、じっさいに、フィリピンも目と鼻のさきという立地は、マナドを特別な街へと変貌させる。

魚介類もおいしくて、とりわけマグロのステーキは格別であった。インドネシアのつねとして、「サンバル」という、ケチャップのような調味料とともにいただくのであるが、マナドでは、このサンバルだって、ちょいと、ちがう。フレッシュなトマトをベースに、唐辛子をきかせたソレは、ケチャップのようではなく、サルサ・ソースのよう。むむ、フィリピン、ひいてはスペインの影響なのか？　そんなとりとめのない妄想に身をゆだねつつ、兎《と》にも角《かく》にもおいしいもんだから、ほぼ毎晩、マナドのマグロに舌鼓《したつづみ》を打ったとさ。

そして、アレも食える。アレ？　そう、イスラームが卓越するインドネシアでは、基本、食することの叶わない、ポーク！　豚肉である。かりあげたタクシーの運転手からの耳より情報によれば、おいしい豚の串焼きを食べさせる名店があるという。そうそう、優良レストランに行きたいのなら、タクシー・ドライバーにたずねるのにしくはない。もちろん、行ってみることに。皮つきの豚肉を豪快に串焼きにしたそれは、食べ応《ごた》え抜群。カロリー過多に目をつぶれば、申し分のない逸品である。ただ、同店で度肝をぬかれたのは、ならべられた郷土料理、その素材だ。煮物のようなその郷土料理には、コンビーフのような肉類が使用されているのだが、犬の肉をつかっているんだとか。

犬かあ。――それな。

ま、中国や韓国あたりでも食べるらしいから、個人的にはビックリだし、ちょっと口に入れる気にはなれないけれど、まあ、アリかな。でも、おどろくのはここから。そのとなりの料理には、ナ、ナント、コウモリがつかわれているんだって！　その気になって目を凝らしてみると、あのヒラヒラした翼の親指（で、いいのかな？）の部分がバッチリ確認できちゃう……。しかしこれも、調べてみると、れっきとした食文化なのだ。北スラウェシ州の最大勢力であるミナハサ族がコウモリを食する習慣はわりとよくしられており、まさに、マナド周辺の郷土料理となっているのだ。私の不勉強につきるのだが、それでもコウモリ食は、ジャワなどのほかのインドネシアでは、そうそう、お目にかかれまい。奇習といっても、いいだろう。

ちなみに、コウモリは鳥類ではなく、ほ乳類。その肉も牛肉のような味がするというが、食にかんしてはいたって保守的なこの私、コウモリを嚥下《えんげ》する勇気などあろうはずもない。マナドの異境

プルタンの陶工の家。軒先で土器をつくる。
手前には、覆い焼きをおこなうための空間が確保されている

感をしみじみとかみしめるだけで、精一杯。ご、ごちそうさまでした。

そうそう、犬については、プルタンでも衝撃の光景にそうぐうした。聞きとりをしつつ、村の目抜きどおりをブラブラしていたころ、ケタタマしい犬の鳴き声が背後から襲ってきた。何事かと訝ってふり返ってみると、一台のトラックが。その荷台は檻《おり》のようになっていて、そこに犬がすし詰めに。嗚呼《ああ》、犬食文化が根づくこの地域の前提を思えば、彼ら／彼女らは、ペットショップに売られていくわけではあるまい。優しい飼い主に見染められ、あかるい未来が待っている、なーんて雰囲気じゃあないね。考えうるかぎり、最低最悪の苛酷な運命が待ちかまえているのだ。だから、力のかぎり、吠えている、大量の犬が。さらに緊迫した状況に拍車をかけるのは、件《くだん》のトラックめがけて、路地という路地から犬という犬が駆

け出してきて、全身全霊で、吠えまくるのだ。まじか……。

「太郎、行くな！　太郎ー！」

「花子、花子！　私の花子を返してーー！」

なぜだか、私は、仔牛が売れられて行く様子をうたった民謡を連想してしまった。でも、誰もがしってるアノ民謡は、いたって静謐《せいひつ》な雰囲気だったと記憶している。それにくらべて、犬たちのうるっさいこと、うるさいこと。阿鼻叫喚《あびきょうかん》？　もちろん、同情の余地満載であるが、それにしたって、うるさい。耳をふさぎたくなるようなうるささだ。一瞬、なにがおこったのかと身がまえてしまうほどのすさまじさであった。しばし、調査も忘れ、呆然と立ちつくしてしまったことはいうまでもない。

「なんてところだ！」

第二章　共存

大型土器の成形にいどむ女　ジャワ・ブミジャヤ

古都

インドネシアで調査をする以上、ジャカルタ周辺ははずせないだろう。ジャカルタは、いわずとしれた、インドネシアの首都。中心部のみで、人口は一〇〇〇万をこえ、周辺部をくわえれば、三〇〇〇万もこえたという。都市圏ということでいえば、東京に次いで世界第二位の、押しも押されぬメガシティなのだ。アセアン・東南アジア諸国連合の事務局だって、ジャカルタにある。東南アジアにあって、その存在感はぬきん出ていよう。

かつてのインドネシアは中国・明王朝の冊封体制《さくほうたいせい》に組みこまれていたといい、ジャカルタは交易ネットワークの一拠点をになっていた。そのご、イスラーム系の王朝であるバンテン王国がジャカルタを支配したのち、今度はオランダが侵入して、要塞を築いた。バタヴィアと改称しつつ、オランダ連合東インド会社の拠点として、おおいに発展。さらに紆余曲折《うよきょくせつ》をへて、第二次世界大戦時には、日本が占領し、ジャカルタへと改名された。

かくて、ジャカルタは海上交易の要衝として、東南アジア海域の南の拠点をしめつつ、インドネシア地域において唯一無二の役割をはたしつづけたといえる。閑却《かんきゃく》できぬのは、中国、イスラーム、オランダ、日本と、じつに多様な影響・支配をうけつづけたという事実。これは、動かない。波瀾万丈《はらんばんじょう》という表現がぴったりだ。もちろん、彼ら自身がのぞんだ状況ではないけれど。

ヨーロッパ列強や日本による搾取《さくしゅ》という負の側面は、矮小化《わいしょうか》されることなく、ありのままに記憶されなければならない。が、結果として、さまざまな文化の影響をあびるようにうけて、独自の文化が形成された意味はおおきいと思う。そもそもおおくの島嶼で構成され、民族構成、言語状況だって、とっても、複雑。そんな茫洋《ぼうよう》たる海の大国のアンカーとして、歴史の荒波にのまれつつも、押し流されてはしまわなかった。ぎゃくに、文化的多様性をのみこんで、ジャカルタはしたたかにのこりつづけ、現在をむかえているのである。

現在のジャカルタは押しも押されぬ大都会。世界屈指の大都市には、おおくのひとびとがひしめき、活気に満ちあふれている。だから、渋滞も深刻だ。東京はやっぱり、鉄道網があって、ようやくなり立っている。東京ではだから、雪などの不測の事態によって交通機関がみだれれば、駅への入場制限がかかるほど。それだけ、日本の鉄道網はひとを運んでいるのだ。そんな鉄道網があまり発達していないジャカルタでは、主たる移動手段は自動車やバスということになって、そこにまた高速道路の整備も遅れているもんだから、押しも押されぬ、世界屈指の渋滞都市になってしまうというわけ。

そりゃあ、東京だって、混みあっているところは混みあっているけれども、ジャカルタのそれはなんかこう、ケタちがいだ。余談だが、常夏のジャカルタを走る車はほとんどが、フロントガラス以外はすべてスモークガラスになっている。だから、それにのって移動しても、そとの景色なんて楽しめない。夏などは窓をあければ熱いし、それでなくとも、排気ガスだって、入ってくる。だもんだから、空調はバッチリきいているから快適ではあるけれど、ものすんごい密閉感のなか、長時

インドネシアの地ビール・ビンタン
ハイ○ケンではありません.......

間の移動にたえる羽目に。できればいいものの、この苦行によって、はからずも、ジャカルタの繁栄を思いしるのである。

おおくのひとでごった返すジャカルタでは基本、なんでも手に入りそう。私の個人的嗜好《しこう》でいえば、ビール問題は死活問題だ。で、インドネシアはムスリムが大多数をしめる国なのだが、ビールだって、飲めちゃう。最初にジャカルタをたずねたとき、コンビニで、フツーにヨユーで、ビールが買えたのにはおどろいた。おしゃれなレストランにくり出せば、生ビールを楽しむことだってできる。輸入の缶ビールならいざしらず、イスラームの国で、生ですよ、生!?

「生一丁!」

「喜んで!」

そのフトコロのふかさはハンパないのだけれど、さいきんでは、コンビニがあまりアルコールをおかなくなったのだとか。そう、すこし、ゆり戻した感じ。多様性をかかえるインドネシア、その象徴たるジャカルタもまた、多様性にあふれるのだろう。多様性をうけ入れて、しかも、柔軟に対応してしまう。ジャカルタはだから、ふるくて、あたらしい。これからも、どんどんかわっていくにちがいない。

そんなジャカルタに、二〇一六年一月一四日、衝撃が走った。テロ、それも、どうもイスラム国にかかわるテロがおこってしまったのだ。ひとびとでにぎわうショッピングモールをターゲットにした卑劣なこのテロのもつ意味はちいさくない。東南アジアでは、マレーシアやインドネシア、ブルネイなどの国々でイスラーム教徒が大多数をしめる。そのほかにも、おおくのムスリムがくらしている。ヨーロッパが東南アジアにいたるずいぶんまえに、すでにイスラーム商人が進出しているのだ。彼らイスラーム商人が仕入れた胡椒などの香辛料が、ヨーロッパにもたらされ、その香辛料への渇望が大航海時代をあと押ししたことはよくしられている。ならば、イスラームの教えが浸透したとて、不思議はないし、じっさいにそうだ。でも、これまでの一般的な認識では、湿潤な東南アジアのムスリムは穏健であって、テロなどは考えにくいとされてきたのではないか。

この認識の背景には、和辻哲郎の学説、すなわち、攻撃的な乾燥地域と忍従的な湿潤地域という伝統的なアジア観がみえかくれしているように思う。かつてタリバンがバーミヤンの石窟を破壊したさいも、まねして、ボロブドゥールを壊そうというふうにはならなかったみたいだし、破壊行動にいたらなかったじぶんたちに誇りをおぼえていたとも聞く。

じっさいにインドネシアに行ってみても、過激な印象はほとんどうけない。イスラム国とはかけはなれているし、大丈夫だとタカをくっていたわけでも、もちろん、あるまい。当局も防止に努めていたでしょう、そりゃあ。それでも。それでも、テロはおこってしまったのだ。

イスラームはどちらかといえば過激な一〇%のシーア派と、どちらかといえば穏健な九〇%のスンナ派に大別されるが、イスラム国は後者・スンナ派系統。多数派なんです、コレが。だから、イスラム国に同調しえる「予備軍」が数字上は九〇%にまではねあがる。ならば、イスラム国に追随する動きは、どこでもおこりえる。そんな推測がじゅうぶんになりたってしまうんだから、ちょっと、おそろしい。さいきん、イスラム国は壊滅《かいめつ》したというはなしもあったけれど、二〇一八年四月にはまた、犯行声明が出されている。だから、やっぱり、おそろしい。

右の視点はとても重要だと思うけれど、ここでは、べつの側面にも注目したい。そう、ジャカルタ、ひいてはインドネシアの多様性だ。基本、なんでもござれの伝統に活路を見出してきたインドネシアは、他者を無条件につつみこんでしまう。異分子をいちいち排除していたら、なり立たないのだ。かくて、ますます、イスラム過激派の影響を完全に排除することはむずかしく、いずれはその影響が発露してしまうのは、やむをえぬ仕儀となる。

そして。

そして、わが日本である。おなじ湿潤気候に身をおき、島国でもある。「ノーと言えない」、自己主張の苦手な日本人は、異分子にたいしても排他的になり切れまい。でも、明治維新におけるかわり身の早さなどには、進取の精神がみてとれ、同時にそれは、ことなった価値観をうけ入れる柔軟性をも意味するのである。ならば、インドネシア的な部分は、日本にもあるということに。すると、イスラム国のような脅威は日本にもおよびうるという理屈になるが、いかがであろう？　すくなくとも、「対岸の火事」ではすまされない。そう、肝にめいじるべきだと思うのだ。

混沌

とりあえず、ジャカルタの周辺で土器をつくっているところを検索してみたところ、西に八〇キロメートルほどのところにある、ブミジャヤ村の名がヒットした。聞けば、いまも、土器をつくっているという。さっそく、のぞいてみることにした。

ブミジャヤでは、五〇軒ほどの工房が軒をつらねている。なんでも、「マス」とよばれる金属をとかすための坩堝《るつぼ》の生産で名高いという。とはいっても、工房はテキトーである。きまった定型などはなく、フツーの家屋のあきスペースで、土器をつくる。製作途中の土器などが転がっているから、かろうじて、工房とわかる、そんなレベル。この状況は、ちょっと、独特だ。

インドネシアのほかの場所でも、工房はすぐにそれとわかる雰囲気を醸しているのがつねである。土器をつくるためだけの、専用の小屋が用意されることがおおいように思う。この感じは、エジプトあたりだと際立っている。作業小屋と焼成窯がセットになって立ちならんでいて、有無

叩いて土器を成形する
（ジャワ・ブミジャヤ）

をいわせぬ統一感があり、一瞥《いちべつ》してすぐにそれと諒解できる。かたや、ブミジャヤの雑多な雰囲気は、茫洋たるインドネシアの個性を忠実に引きずっている感じ。そのように考えて、いいと思う。

成形技術についても、これぞブミジャヤという作法はないようだ。ある工房では、ちいさな羽子板のような叩き板を駆使して、土器を成形している。と思えば、そのとなりには、手で回す回転台で土器をつくる工房もあれば、「斜めロクロ」という独特のロクロをそなえた工房も。はては、専用のプレス機を駆使し、あたかも町工場のように大量生産にいそしむところだってある。おとなりがどんな風に土器を成形するかなんて、興味がないようだ。いやいや、他者への寛容さ・鷹揚《おうよう》さでもって、コミュニティーを成立せしめる。そんな戦略をみてとるのは、うがちすぎではあるまい。

焼成はというと、こうだ。土器を稲藁《いなわら》燃料で覆って火を点ける、豪快な覆い焼きに頼るところが

豪快な覆い焼き（ジャワ・ブミジャヤ）
奥のほうは、これから、稲藁で覆う

ほとんど。覆い焼きについては、前章でも紹介したが、アレをもっともっと大規模にした感じ。私が観察した焼成は、短軸二メートル、長軸六メートルもの規模であった。大量の噴煙をあげる壮観な焼成は、集落縁辺のあき地だからこそ、実施をゆるされる。そして、どうも、「焼き方」ともいうべき焼成のプロ（男性であった）がいて、複数の陶工が作品の焼成を依頼していた。共同作業としての色あいがつよいのである。

でも、専用の窯をしつらえて、大量生産に傾斜した工房もある。成形技術がそうであったように、焼成でも覆い焼きと窯焼成が共存していて、ほんとうに、とらえどころがない。インドネシアで調査するまえは、エジプトやバングラデシュで調査をしたが、そんなことはなかった。窯場によってちがうけれど、ひとつひとつの窯場には窯場としての統一感があった。数名から十数名まで、工房の規模もさまざまだが、それでも、おなじ成形技術が共有され、おなじ焼成施設で土器を焼くのがつねであった。

バングラデシュの工房はめいめいが個性的で、おなじ工房は一つとしてないが、それでも、技術は共有され、設備やその配置もにているから、なんとなくの統一感をみとめることができる。エジプトにいたっては、もちろん、地域によってさまざまなんだけれど、一つの土器づくり村にかぎれば、判で押したように、ソックリの工房が立ちならぶ。最初にたずねたときなどは、じぶんがどこにいるのか、みわけがつかなくなるほどだ。

でも、インドネシアはそうではなかった。もう、てんでバラバラ。めいめいが、思い思いに土器をつくるもんだから、なんだかとても、雑然とした感じ。コチラの勝手な思いこみなんだけれど、なんだかとても、落ち着かない。

でも、これこそが、インドネシアの特色といえるのではないか。自己撞着《じこどうちゃく》的な表現になってしまうけれど、統一感がないという統一感。これこそが、インドネシアの個性なのだ。複雑な民族構成をもろともせず、ちゃっかりまとまってしまう。となりがどんなやりかたで土器をつくってたって、いいじゃないか。そんな細かいコト気にしてたら、息が詰まっちまう。でも、コレって、ぎゃくに度量が必要なのでは？　トナリはトナリ、ウチはウチ。そんくらいのフトコロのふかさがなけりゃあ、インドネシアなんて、とてもじゃないが、くらしていけないのでは？　多様性をあるがままにうけ入れてしまう。そんなインドネシアのひかえ目な心意気が、窯場の雑然とした雰囲気のなかで、ちゃっかりと自己主張しているんだから、面白いものだ。

そんな雑然としたブミジャヤにあって、私の関心をひいたのは、女性の活躍ぶりだ。男性の陶工もたくさんいるけれど、女性だって負けていない。ブミジャヤは、ナンダカンダ、ヤセテモカレテモ、大都会ジャカルタのお膝元である。のぞめば、いろいろの職があるのだろう、男性が離村しているケースもすくなくないようだ。そんなとき、どうするか?

女性だけで土器づくりをつづけるのだ。もちろん、女性はいそがしい。いそがしい家事の合間をぬって土器をつくるのだから、大々的にはできやしない。土器を焼くのだって、よそが焼くときに、ちゃっかり混ぜてもらう。それでも、土器づくりをヤメない。ブミジャヤならば、いつもどこかで土器を焼いているから、努力が無駄になることもない。もちろん、男性陶工があつまって、ガツガツやっている工房だって、ある。でも、女性ひとりの零細な生産も、共存をゆるされているのだ。

では、どうして、家事の合間をぬってつつましくおこなわれる女性の土器づくりが、男性が集約的にガンガンつくるようなものと共存できるのだろうか? ここには、意外や意外、覆い焼きがおおきくかかわってくると思う。さきほどもふれたように、ここの覆い焼きは、規模がとてもおおきい。だから、ひとりでやるのではなく、みなで作品をもちよって焼く、共同作業の意味あいがつよい。村をあげておこなう焼成であればこそ、すこしだけ土器を成形するという業態だって、なり立つのである。

土器づくりにおいて、個人主義ばかりが卓越してしまっては、焼成をほかに依頼せざるをえないような、女性による小規模な土器づくりは立ち行かなくなるのではあるまいか？　じっさい、男性の陶工が個人で窯を所有し、めいめいがべつべつに土器を焼くエジプトあたりでは、女性がひとりでおこなう土器づくりはほとんどみられない。女性はそこでは、手伝いに徹するばかりなのだ。

つまりは、村人のおおくがかかわり、それぞれ小規模に、だからこそ、村をあげての共同作業だからこそ、女性が活躍できるような土器づくりが存続できるのだ。これは、個人主義の徹底したエジプトあたりとは、一線も二線も、ひょっとすると一〇線くらい、画するだろう。

そして、いまのところ、私はこのちがいを環境のちがいにもとめてしまうのだ。乾燥地域における個人主義の醸成と、湿潤地域における共同作業の定着。前者から後者への影響は、昇焔式窯の技術というかたちで、たしかにみとめられる。が、湿潤地域のひとびとは湿潤地域の流儀を、やっぱり、まげることはなかったのだ。もちろん、まげられた、あるいはまがってしまった事象もすくなくはないのだろう。

それでも、だからこそ、まげられなかった共同焼成の伝統こそは、湿潤地域の本質といえるのではないだろうか？　そして、ならばこそ、そこには、女性の参画・活躍のおおきな可能性がひめられているのである。そんな湿潤アジアのポテンシャルを感じるのは、的はずれでしょうか？

土器づくりなんざ、しょせん、工芸においては傍流も、傍流、ド傍流だ。へんな思惑が入りこむ余地なんぞ、ほとんどあるまい。ガッツリ儲けられるワケでもなし。文様などのデザインが民族表象としてもてはやされることはあっても、それで、かならずしも、陶工のくらしが一変するワケでもない。

で、そんな素朴な土器づくりが、大都会ジャカルタにほどちかいブミジャヤにのこされていたのだ。この、「灯台下暗し」感たるや！　そしてこの「灯台下暗し」感こそが、ブミジャヤの土器づくりの信憑性《しんぴょうせい》を高めてくれる。などと考えてしまうのは、贔屓目《ひいきめ》でしょうか？

構成

男性陶工と女性陶工の構成について、すこしふれておこう。ただイカンセン、ブミジャヤはとてもゴチャゴチャした感じで、ズバリ、「ザ・土器工房！」というところもすくない。だから、一軒一軒、聞きとりをするのも骨が折れ、しらみつぶしにすべての工房をチェックするなど、とても、とても。とても、できそうにない。それでもなんとか、七軒の工房で成員について質すことができた。結果、男性一四名にたいして、女性一〇名ということになった。

ところで、すでに紹介したように、プルタンでは、男性三一：女性五〇であったわけで、ブミジャヤはだから、だいぶん男性優位にかたむいているという評価もできる。女性もいて、叩き成形・覆い焼き焼成の技術もあるのだから、ブミジャヤはたしかに、土器づくりの古層をとどめている。あくまで印象ではあるが、ロクロの利用はごく限定的であり、焼成窯だって、すくない。プルタンよりもさらに、基層技術を色濃くのこしている。そう見做されるのだが、それでも、男性陶工の作業参加のどあいは高まっており、逆転してしまっている。これは、なぜか？

技術と陶工の性別とのあいだには相関があると思う。男性の技術と女性の技術は、おおむね、区別されるようだ。例外もあるけれども（女性がロクロを挽くプルタンの例については、すでに紹介した）、ロクロは男性がつかうケースが圧倒的だ。女性は叩き系の技術に頼っており、男性は手作業を敬遠する傾向がけんちょである。

そう、「敬遠」するのであり、だから、ぶっちゃけ、「食わず嫌い」のようなものにすぎないのかもしれない。それでも、圧倒的多数によって志向される嗜好なら、それはその文化特有の思考と評せねばなるまい。

そしてブミジャヤでは、技術面の変化に先行するかっこうで、陶工の性別がかわったことを看過するべきではあるまい。男性優位への傾斜がよりはっきりと発露した背景には、地理的な要因を考えるのがいちばんシックリくると思う。

ナンダカンダ、ブミジャヤは首都ジャカルタのお膝元。巨大市場をまぢかににらみつつ、土器づくりはいつしか、商品の生産という意味あいをつよめていこう。消費者がもとめる土器を、大量に、安定的につくりつづけることがもとめられる。流通を前提としている以上、業者との値段交渉だって発生するわけで、そうなってくれば、男性が矢面に立たされるのは、自然な必然。

工房の主導権はかくて、しだいに男性へと移譲されていくのである。されていくのだが、ブミジャヤではそれでも、割合にして四割、女性による土器づくりがのこされていた。そしてここからは、二つのことを読みとらなければならない。元来、土器づくりの一切合切をとり仕切っていた女性は、生産構造の変化を敏感にかぎわけつつ、アッサリと男性陶工の参入を許容した。これが一つ。で、もう一つは、それでも、完全にあけ渡してはいないこと。

「アンタがつくりたいっていうんなら、いいわよ、べつに。がんばってね、よろしく。でも、私たちは私たちでつづけるけど、それがなにか？」

この妄想（?）は、エジプトとの対比を思いつつ、湧きおこってきたもの。エジプトは完全に男性主体の土器づくりになっており、ふり返ってみれば、ハンパない亭主関白感。

かたや、ブミジャヤでもおおいに男性の参加があるのだが、女性もしっかりいる。そこに亭主関白感はとぼしい。ロクロを大量に設置したり、窯をもっているところ、プレス機などを駆使するところは、男性陶工がつどい、黙々と土器を生産している。で、そのかたわらでは、女性がひっそりと、でもちゃっかり、土器をつくる。

まわりはどうぞご随意《ずいい》にという柔軟性と、でも私は私という不動の意志。相反する資質をうまいこと包摂し、たくましく生きる賢明な女性たち。頑迷な私には、とてもまぶしくうつりました。

進化

ジャワ島ではほかに、カラワンとプレレッドというところでも、土器づくりをみた。

ジャカルタの東方およそ五〇キロメートルに位置するカラワン。カラワンには、一〇軒ほどの土器工房があつまっている。雰囲気的には、全体として、ブミジャヤとよくにている。ゴチャゴチャと立ちならぶ、なんのへんてつもない、フツーの家々。そこでなされる土器づくりも、定型を見出すことはむずかしい。しいていえば、窯があり、覆い焼きがない。窯は集落のはずれに三基が築かれ、みなで共用するという。だから、焼成については、窯によるそれにかぎられている。覆い焼きがない点は、ブミジャヤとの異点となっている。

窯はブミジャヤにくらべて小振りであり、最大でも一・五メートル四方の平面形、高さ一・五メートルを測るにとどまっている。基本構造は昇焔式であって、窯体下部の一側面に焚き口をゆうするのはブミジャヤと同様だが、頂部の構造はおおきくことなっている。カラワンでは窯壁は立ちあがったまま終結し、天井は架構されない。天井のないその外観から、エジプトにみられるような筒窯を連想するのは筆者だけではあるまい。じっさいの焼成に立ちあうことはできなかったものの、聞いたところでは、作品は窯壁をこえて、はみ出すように、窯詰めされるという。作品をこんもりと窯詰めするのは、エジプトでも一般的。はたからみれば心配になってしまうが、それでも、ちゃんと焼けてしまうのだ。

作品のうえに藁をかぶせて焼成にのぞむというが、焚き口のまえで燃料を燃やし、その炎を燃焼室によびこんで土器を焼く。突然のスコールにそなえ、土器焼成をしないときには屋根がけがしてあるが、焼成時にはとりはずすそうである。焼成には四時間をかけるといい、これは、ブミジャヤにおける窯焼きの焼成時間に近似した。二週間に一度、この窯による焼成をおこなうそうであるが、歩留《ぶど》まり（焼成の成功率）は九〇％以上、ほぼ一〇〇％であるという認識を、陶工たちはいだいていた。

カラワンの天井のない窯
降雨にそなえて屋根をかけてある

ところで、カラワンの土器焼成については、過去に紹介されているので（川崎千足『インドネシアの野焼き土器』、京都書院）、ちょいと参照してみよう。同書によれば、カラワンの焼成技術は覆い焼きから「少し進んでいる」という。「窯の基礎」と「レンガの外枠」（二・五×三・五メートル）がつくられており、そこに藁と土器を交互につみあげるが、その高さは四メートルにもおよぶ。点火後も、燃料となる藁を追加していくとの報告がある。ブミジャヤでみた覆い焼きでも、燃料を追加していた。覆い焼きからの連続性が想起されるだろう。なお、「バナナの木で藁が燃え落ちるのを止めている」という。焼成中の様子を記録した写真からは、内部の構造物は視認できず、とても規模のおおきな野焼きにしかみえない。

この報告は、一九八八年から一九九七年のあいだに実施された調査にもとづいている。そのころまでは、このような「窯の基礎」と「レンガの外枠」をともなう焼成施設が利用されていたのであろう。同様とおぼしき施設はバリ島でも確認されているから、みまちがいとかではなさそうだ。それが、私がたずねた二〇一三年の時点では、「レンガの外枠」は窯壁とよぶにふさわしい様相をていするにいたっていた。まさに、ここ二〇年ほどのあいだに、「レンガの外枠」はおおいに発展をとげて、ほぼ完全な窯へと進化したのである。

プレレッドではどうか？　プレレッドの技術はスラウェシにまで伝えられているわけで、興味のあるところだ。

ジャカルタの東南およそ八〇キロメートルに位置するプレレッドでは、目ぬきどおりの両脇に二〇～三〇ほどの土器販売店が軒をつらね、店の奥に、それぞれ工房がひかえている（四九頁の写真参照のこと）。さまざまな製品がならべられ、彩色をほどこされたものもあり、各販売店の高い生産意欲がうかがわれる。結果、あたかも「やきものの街」といった風情を醸し出すことに成功している。街の入り口には、やきもののオブジェが飾ってあったりもする。

ブミジャヤやカラワンにくらべても、村びと総出で窯業に傾注しているさまがひしひしと伝わってくる。聞けば、昇焔式窯をかれこれ三〇年以上まえから利用しているといい、覆い焼きの技術はみとめられなかった。どうも、伝統的な焼成技術は、キレイサッパリ、駆逐されてしまったようだ。

窯は典型的な昇焔式窯であり、私がみた窯は、平面二・五×二・五メートル、高さ三・五メートルほどの規模だった。燃焼室の二側面に焚口がもうけられており、その点はブミジャヤ・カラワンと一緒。焼成には二四時間をかけ、おなじく二四時間、自然冷却させて、窯出しをする。土器の焼成時間としてはかなりながいといえ、陶工のコダワリが伝わってくる。歩留まりは七〇〜八〇%ほど。ブミジャヤ・カラワンにくらべて歩留まりがやや悪いのは、長時間焼成にいどんだ代償といえるかもしれない。時間がかかるためか、月に数回の焼成にとどまるという。

もちろん、窯の配置はちがうし、規模だって微妙にちがう。でも、どこの工房も雰囲気はどことなくにていて、ブミジャヤやカラワンにくらべて、俄然《がぜん》、整然としている。ことにおどろいたのは、窯の天井のかたち。階段ピラミッドのようなかたちをしているのだ。すでに書いたように、プルタンではこの天井のかたちが忠実に再現されているのである。

でも、いやいや、「ちょっ、待てよ?」

階段状である必然性って、あるの?

天井が階段状になっていると、まず、私なんかが心配になってしまうのは、窯詰め。土器のかたち・おおきさはまちまちだから、階段状の凹凸にあわせて、隙間なく土器を詰めるのは、まず無理。側面の開口部から詰めていくので、キッチリやるのもヤッカイだと思う。だから、とても非合理的なのだ、この窯のカタチは。でも、非合理な天井の形状がのこされ、あまつさえ、スラウェシにまで伝えられた事実は動かない。窯はかくあるべし。その、見方によっては不合理ですらある概念が共有されたとき、技術はあたらしい伝統として確立するのだろう。

なお、取材した工房はロクロ四基、窯五基を完備するおおきな工房であり、のべ三〇名ほどが作陶に従事しているという。主としてロクロ成形をする者もいれば、もっぱら焼成をうけおう陶工もおり、工房内にはゆるやかな、でもしっかりとした分業体制がみとめられるのである。

かつて世帯ごとに土器を生産していたプレレッドでは、一九七〇年以降、工房の大型化が推進されたというはなしを採取した。これは昇焔式窯の導入と期を一にしており、以降、より専業性の高い窯業地として再スタートを切ったと考えられる。

なるほど、女性のすがたは皆無ではないが、工房には男性陶工がめだつ。土器づくりは、家庭から完全にはなれたのだ。じっさい、好待遇をもとめてカラワンから単身赴任《ふにん》している陶工さえいた。そして現在、プレレッド産の製品は、ジャカルタはもちろんのこと、スマトラやバリにまで流通しているという。専業性を高めるという彼らの戦略が、一定の成果をあげているのはたしかなようだ。

さて。

ブミジャヤ、カラワン、プレレッドをならべてみると、とても面白いことがわかる。土器焼成技術の発達、とりわけ昇焔式窯の成立過程について、示唆にとむ情報を提供してくれたように思う。すなわち、嵩上げのためにこわれた壺の頸部《けいぶ》をならべて瓦などをわたした「焼台」（このうえに土器を設置する）をともなう覆い焼きの技術に、やがて、「レンガによる外枠」がつけくわえられる。この外枠が発達し、窯壁とよべるような段階にいたったとき、昇焔構造をていする恒常的な焼成施設への変容が達成されるのである。このように外枠が窯壁へと変化したため、当初、窯には天井がともなわない。そのような発展段階を示す事例が、カラワンの窯だと解されよう。

しかし熱効率にも配慮したのであろう、そのご、やがては天井までをも、つくりつけるようになる。プレレッドとブミジャヤの天井の形態がことなったのは、この最終形態へのプロセスがそれぞれ独自に進展したことを物語る証左となりはしないか。

以上、ジャワ島西部において観察された事例に依拠するならば、覆い焼きの技術に、①「焼台」、②「レンガによる外枠」、③外枠が窯壁へと発達、④天井を附設する、といった改良が段階的にかさねられることによって、独自に昇焔式窯へいたったという技術発展の道筋が見出されるであろう（拙稿「昇焔式窯は如何にして生まれたか？：インドネシア・ジャワ島西部の土器づくり民族誌から」『東南アジア考古学』第三四号、四九―五八頁)。

ところで、エジプトで円柱状の「筒窯」に慣れ親しんだ筆者にとって、インドネシアでみた窯が方形の平面プランをていすることは奇異にうつった。だが、「焼台」→「レンガによる外枠」→窯体という発展過程を思い浮かべれば、おおいに納得できる。

すなわち、覆い焼きのさなか、陶工はながい棒を駆使して、通風のためのスペースを確保することに余念がない。よって、「焼台」を導入する目的の一つは通風であると考えられるのだ。「焼台」を構成する壺頸部をもちろん、円形に配列することは可能だが、円形では中心まで距離ができてしまい、棒などをつかって通風を確保するのはそれだけむずかしくなる。通風をつよく意識すればこそ、方形ないし矩形の平面形になったと想像されるのである。

さらに、方形・矩形であれば、規模の調整だってラクだろう。単軸に一列、二列と追加していけば、焼成を待つ土器の分量にあわせて、調整もたやすい。円形を外側へとひろげるのでは、格段におおきくなってしまうのだ。丸い焼成よりも四角い焼成のほうが柔軟性にとむのだから、フシギなものだ。しかも、通風の便とあわせ、一石二鳥といえる。

これはブミジャヤで観察したのだが、同事例においては、焚き口のまえで燃料を燃やし、そこで発生した炎が燃焼室部分を経由して焼成室へと導かれるのが一般的である。このような焼成方法も、覆い焼きにおける「焼台」の導入に配慮すると、おおいに首肯できよう。すなわち、インドネシアの窯燃焼室の祖型を、通風を意図して導入された「焼台」にもとめるのであれば、「燃料を燃やす空間」ではなく、「通風・通焔のための空間」と意識されるのはむしろ自然だろう。焚き口のまえで燃料を燃やし、燃焼室へと炎をよびこむという独特のスタイルは、覆い焼きに「焼台」をくわえるという工夫に端を発するのである。

そしてあくまで私見だが、炎を導くという発想は、「登り窯」にだってつながろう。覆い焼きを起点とする焼成技術発展は、通風、ひいては炎の流れをつよく意識するもので、陶磁器生産すら、その視界には入ってくるのである。

窯焼成の様子（ジャワ・ブミジャヤ）
炎を焚き口からよびこんでいる

ぎゃくにいえば、乾燥地域である西アジアなどでは、まったくことなった経緯で、昇焔式窯が成立した。そこでは、炎を土器に直接ぶつけ、熱量を無駄にしないという効率性に主眼がおかれた。だから、通風に対する意識はもちろんあったにせよ、炎の流れにまで気を配る意識は希薄ではなかったか。当然、登り窯への発展というシナリオなど、そこにはみえてこない。

じつは、インドネシアにおける私の最初の調査地は、ブミジャヤであった。技術の共存という、えがたい情報がえられたから、私にとってはたいへん印象ふかいフィールドとなった。二〇一五年、そんなブミジャヤを再訪する機会にめぐまれた。数年まえ、同地では二軒の工房が窯を築き、操業していた。

再訪してみたら、そのうちの一軒が廃業してしまっていたのである。廃業してしまった工房は、一〇名以上の陶工をかかえ、二基の窯を所有していた。手広くやっていた工房で、ジャカルタの高校生が社会科見学におとずれるほどであった。それが、廃業してしまったのだ！　聞けば、気の毒にも、工房主が病気で急逝《きゅうせい》してしまったという。

とても残念ではあるが、でも、ブミジャヤの土器づくりに水が差されたわけではない。べつの場所に、おおきな窯が、それも二基、新築されていたのである！

アーチ状の天井をもつタイプと、天井のない開放的なタイプの二種が築窯されている。前者では大型品を、後者では小型品を焼成するという。あえてタイプのことなる窯を用意し、つかいわけているのだから、ナカナカ気あいが入っている。ブミジャヤの陶工は、より一層本腰を入れて窯をつかい、土器を焼いてゆきます。ならんだ二基の窯は、そんな彼らの決意表明にもみえた。

とまれ、土器生産地としてのブミジャヤは、まだまだ健在であったのだ。そして、ソレは、ホント、よかった。やっぱり、窯の威力はすごいなと痛感した。かつて二軒のみが窯をもっていて、そのほかの圧倒的多数の陶工は、覆い焼きをメインにやってきたのだ。それでも、しらずしらず、しらないうちに窯への依存をつよめていたのではないか？　だから、窯二基を操業していた工房が廃業し、のこりは一つという状況をむかえて、心おだやかではいられなかった。あたらしい窯は村のはずれに築窯されたものの、十分なスペースが確保されて、コンクリートで基礎を打ち、なおかつ、屋根がけもされた、それこそ超本格派。「これから窯でビシビシ焼くぞ！」という意気ごみがヒシヒシ伝わってくる。

と、ブミジャヤのかわらぬ活気に安堵しつつ、街を歩いていたら、目にしてしまったのである。ブミジャヤにしのびよる不吉な黒い影……。そう、アレをつくりはじめていたのです、アレを！

著作権をまったく顧慮せずに、欲望のおもむくままつくっちまった、ドラ〇もんやス〇ンジ・ボブ……。私はおなじようなヤツを、プレレッドで目撃していた。まあまあ上手くつくっていて、わりとよくよせてある。でも、だからこそ、ビミョーにイヨーな雰囲気を発散しつつ、とおりを睥睨《へいげい》していますけど？　キャラクター式置物の恐怖——。

「こんなブミジャヤはイヤじゃ！！」

消費者に媚《こ》びを売る。土器づくりだってレッキとした商売である以上、やむをえない。いや、自然で、必然だ。完全に部外者である私にとやかく物申す資格がないのも、重々承知している。

あんなことといいな、できたらいいな♪
あれ？　ちょっと、痩せました？

でも、一言だけ、いわせてほしい。

こと、土器づくりについては、市場の好みに迎合しすぎても、いいことはない。と、思うのだ。エジプトでもそうだったし、バングラデシュでもにたような状況を目撃した。昨今、生活雑器としての役割を喪失した土器は、市場のあらたな需要に敏感にならざるをえない。結果、たとえば、庭さきやマンションのエントランスを飾るエクステリアの生産に、それこそ、いそいそと、いそしむことに。おおくの陶工をかかえるおおきな工房であればあるほど、おおきな利益を出さざるをえないから、バンバン、そんなのをつくる。まあ、ソコソコ、売れてはいるのでしょう。でもねぇ……。

そうなのだ、見《み》栄《ば》え（いまふうにいえば、インスタ映《ば》え）を重視するそういうのは、細部へのこだわりなど、どうでもよくなってしまうのだ。だから、つくりは雑。雑なのがいいっていうひとだっているだろうし、それで商売がなりたっているのなら、それでいいか？　いや、よくなーい！　彩色なんかで誤魔化せちゃうもんだから、作品ときたら、厚ぼったくて、焼きも甘くて。

そんな土器をつくりつづければ、どうなるか？　技術がすたれてしまうのだ。すたれてしまえば、再興は最高にむずかしかろう。現代的な需要はとても大切だと思うし、大切にするのはあたりまえ。だけれども、伝統的な技術を守りつつ、できないものだろうか？

現代的な需要はあくまでバブリーなもの。連綿と継承されてきた技術が水泡に帰してしまっては、洒落にもならぬ。さきに書いた技術協力だって、しかり。本質を見極め、本質を温存することをこそ、最優先すべきだ。これは真実だと信じている。うまいこと、現実と折りあいをつけるわけにはいかないものだろうか？

第三章　拡散

土器を運ぶ女　スマトラ・マタメラ

移住

スマトラ島の南部に、パレンバンというおおきな街がある。同島でもジャカルタよりに位置し、空港もあるから、ジャワからスマトラにわたるのなら、経由することもおおかろう。そのパレンバンの東のはずれ、中心街からは距離にして一〇キロメートルほどの場所に、マタメラという村がある。製茶工場ではたらく世帯のおおい、たいへんのどかな村だけれど、そのうち四〜五世帯が土器づくりをしているという。私は、そのうちの三軒を取材することができた。

マタメラの陶工はみな、ジャワ島のプレレッドから移住してきたという。すでに紹介した、プレレッドだ。階段ピラミッド状の天井をもつ窯を駆使し、著作権を無視してド〇えもんやスポン〇・ボブをつくりだす。その窯の形状が忠実にプルタンへと「コピペ」された、アノ、プレレッドだ。マタメラの陶工もプレレッドで土器生産に従事していたが、やきものの街として名高いプレレッドは、陶工もおおく、よって競争もはげしい。マタメラでは良質の粘土が入手できるというはなしを聞きつけて、心機一転、一発逆転、新天地に転じたのだという。取材した三世帯は、かならずしも、となりあって土器づくりをしているわけではなく、それぞれの世帯のあいだにはべつの世帯が数軒存在している。とりたてて共同作業もしないというが、それでも、三つの土器工房主は親戚関係にあるらしい。

以下、三軒の土器工房の土器づくりについて、のべたいと思う。

三つの工房はそれぞれ、一九五八年、一九七〇年代、一九八七年に、プレレッドからマタメラへとうつってきたという。夫婦で土器をつくり、息子・娘や親族がそれをサポートする。ごくごく、つつましい生産体制といえるだろう。総勢でも一一名が土器づくりにかかわるのみなので、傾向とまではいえないかもしれないが、男性五名にたいして、女性は六名が土器をつくる。ほぼ男女が等しくかかわるスタイルとなっている。ま、家族単位でことにあたれば、自然にそういうことになるのだろう。

マタメラでは、たいへんに興味ぶかい土器をつくっている。出産にともなう胎盤《たいばん》を処理するための壺、いわゆる胞衣壺《えなつぼ》である。不勉強をさらすようで心苦しいが、私自身は、マタメラではじめて胞衣壺のじっさいの生産に立ちあい、認識をしたしだいである。そういえば、むかし読んだ本（木下忠『埋甕：古代の出産習俗』、雄山閣）に書いてあったような……。帰国後、あわてて読み返したことはいうまでもありません。

なんでも、「へその緒《お》と胎盤を含む後産《あとざん》」のあつかいは重要視されるのがつねであり、それらが「保存されて適当な取り扱いを受ける」のがのぞましいと考える習慣は、むしろ普遍的ですらあったのだ。きょくたんな文化伝播論で一世を風靡《ふうび》したスミスなどは、「胎盤の処理についての習慣」が広く世界にみとめられることをもって、エジプト文明が世界に拡散したと断じる証左としたという。もちろん、そりゃあ、考えすぎでしょう。でも、胎盤を手厚く処理するのは、あたりまえの、とても普遍的な人間行動であることはたしかだ。

粘土を型にはめて、貯金箱をつくる
（パレンバン・マタメラ）

で、とりあつかいの仕方はというと、容れ物に大事におさめ、うめるのである。うめる場所はさまざまであるが、ここで注目したいのは、容れ物。木製や金属製ではコスパがあまりに悪い。安価に大量生産できる土器は、ウッテツケなのだ。かくて、ジャワやスマトラあたりでは、素焼きの胞衣壺の生産がさかんであるという。

聞けば、産院にも卸しているというし、パレンバンの市場でじっさいに販売されているのも目撃した。フツーに観光しているだけでは、なかなか気づかなかっただろう。文化・習慣に密着する土器づくりを確認できたわけで、とても勉強になった。

ほかにも、胞衣壺をややおおきくした、液体を貯蔵するための壺や、花瓶のたぐいを手がける工房もあった。が、胞衣壺にならぶ主力商品は、貯金箱である。専用の型でつくる貯金箱は、ニワトリや魚をモチーフとしており（ニワトリが大半をしめていたが）、焼成後、ペンキのような塗料をつかって、彩色する。高さ二〇センチメートルほどのものと、高さ三〇センチメートルほどのものをつくっていた。

でもなあ――。

貯金箱をつくる行為は、まさに、ブミジャヤやプレレッドでみたアレ、ドラえも◯やスポンジ・ボ◯へとつながる気がするのは私だけだろうか？　三軒中二軒の工房が胞衣壺とともに、貯金箱をてがけているというから、貯金箱はそれなりの需要があるのだろう（とてもそうは思えないんですけど……）。でも、型づくりなので、どうしたって、ロクロの技術はないがしろにされてしまおう。焼成もしかり。容器ではないから、そんなに強度はいらない。だから、焼成もテキトーになるだろう。

マタメラの窯
て、天井がない……

じっさい、あとでふれるように、マタメラの窯は「退化」しているフシがある。貯金箱が伝統技術を浪費させる。貯金箱をつくって、それが浪費につながっているとすれば、これほどの皮肉があるだろうか？

胞衣壺や花瓶は手回しのロクロでつくる。ある工房では、ロクロをつかうのは男性で、型づくりを女性がになう。ロクロで壺・花瓶をつくるべつの工房では、男女ともにロクロ作業をする。

そして、ナント！ 最後の工房では、ロクロを女性、型づくりを男性がになう。最後の工房は、型づくりに重点をおいているのだろう。たくさんつくるほうを、男がうけもつ。当然といえば当然なのだが、見逃せないと思う。エジプトあたりだと、ロクロは男性がつかうものだという固定観念がある。バングラデシュでも、そう。こうした性別分業のきまりなど、しょせんは思いこみにすぎないのだが、通常、おどろくほど律儀に守られているのはすでに説明したとおりである。

しかしマタメラではロクロをめぐるそんな規制がゆるく、ロクロを女性が挽くことを黙認しているのである。ブミジャヤやプルタンで感じたおおらかさのようなものがここでも感じられ、これがインドネシア的ということなのかなと、みょうに納得してしまったしだいである。

逆転

窯は、平面方形の、昇焔式である。基本的な構造は、ジャワ島のいくつかの工房でみたものと一緒である。取材したすべての工房が窯を所有しているので、三つの事例をみることができた。おおきさは順に、長軸二二八×短軸一七〇×高さ二〇七センチメートル、一八八×一七六×一四七センチメートル、一五九×一二八×一一三センチメートルとなっている。

焚き口は、短軸両側面下部に一か所ずつ、計二か所が設定され、両側の焚き口のまえで燃料を燃やし、その炎をよびこんで、土器を焼きあげる。炎の流れに意を砕いているのは、ジャワ・ブミジャヤと類似する。インドネシアによくみられる窯と評価できるだろう。

燃料はゴムの木をメインに、さまざまな木材を併用する。一～二週に一回ほどのペースで焼成し、時間は一〇～一二時間ほどをついやす。歩留まりは九〇～九五％にもおよぶといい、これは相当、優秀だと思う。

で、マタメラ独自の特色は、その頂部の形態だ。天井は架構されず、開放型をていするのである。マタメラの職人は、プレレッドからうつってきたのだ。一九五八年にうつってきた最古参の陶工は、プレレッドにいるころから天井のない窯をつかっていたのだそうである。つまり、かつては階段ピラミッド状の窯はプレレッドにもなかったようなのだ。一方で、もっともさいきん、一九八七年にうつってきた陶工は、プレレッドにいたときには階段ピラミッド状の窯をつかっていたが、マタメラにきて、開放型の窯にかえたんだとか。

あれれ？　おかしくはないか？

だって、プレレッドの陶工が移住したマタメラのケースで窯天井のかたちが変化し、他方、技術協力というかっこうで情報がもたらされただけのプルタンのケースで、窯天井のかたちが正確に踏襲されているのだ。そう、じっさいに職人がうつったのに、窯の構造はアッサリ変化したマタメラ。ぎゃくに、技術情報が伝えられただけなのに、窯構造がキッチリ踏襲されたプルタン。プレッドからみたら、プルタンは遠隔地で、マタメラのほうがよっぽどちかいよ？　これじゃあ、まるっきり、逆転現象である。

マタメラではもう、耐火度の高い土器をつくっていない。だから、天井がなくとも、へっちゃら。むしろ、天井がなければ火の引きもよいだろう。サッと焼いて、それでいいんだから、それでいいじゃないか。窯詰めだって楽だし。こわれにくいし。本人がいいっていうんだから、いいじゃないか。当事者が居直ったかっこうだといっていい。

たいして、プレレッドの窯のはなしを聞いたプルタンの面々。「いやぁ、イイコト聞いちゃった♪」でも、全員が試そうとするわけではあるまい。ヤル気のある、一部の男性陶工が、チャレンジするんでしょう。だからこそ、天井もソックリ、ソノママ。アレンジ？　アレンジするといっても、どうしたらいいか、わかんないッス！　かくて技術情報は、その本家本元がもちあわせていないほどの律儀さでもって、ソックリ、ソノママ、継承され、温存されるのである。

私は、土器づくりの技術はとても正直だと思う。雄弁でもあると思う。でも、技術がどう伝わり、どう定着するのか。ソコんところは、とてもむずかしいのだ。製品はやりすたりの影響をモロにうけるだろうが、技術はあたらしくてもふるくても、でも、そんなのカンケーねぇ。だから、えられる材料や燃料というわかりやすい前提条件のもと、複雑な条件がからむこともすくなく、土器づくりの技術は決定されるはずだ。

しかし、窯の天井を附設しないといったたぐいの「手抜き」はおこりえる。しかも、「手抜き」は当事者がうつり住んだ近場でみられ、情報だけがもたらされた遠隔地ではぎゃくにみられなかった。以下は、またまた、考古学的妄想だが（くどくて、すいません）、たとえば一〇〇〇年後、プレレッドとマタメラとプルタンの窯を発掘した考古学者は考えるだろう。プレレッド式は遠隔地のプルタンにはもたらされた一方、近場のマタメラでは、ふるい（と思われる）窯がのこされた。プルタンにはプレレッド陶工が移住したんじゃないのか。マタメラには情報のみが伝えられ、それがゆがめられてしまったのではなかったか、と。

でも、じっさいは、ぎゃくなのだ。でも、もちろん、考古学はせめられない。不可抗力だ。一ついえそうなことは、民族誌情報の蓄積が、ヤッパリ、ソコソコ、意味があるということ。などと考えて、みずからの研究行為を正当化するのであった。

華僑

二〇一五年八月、プルタンをスラウェシにたずねるまえに、カリマンタン島にも行ってみた。西部のポンティアナおよび、東部のバリックパパンにはおおきな空港があるから、おりて、土器づくりがあるかどうかたずねてみた。ＬＣＣ（格安航空機）にこんなにのりまくって、大丈夫かいな？　という不安も頭をよぎったが、知的好奇心が、幸か不幸か、勝ってくれた。

ド派手な寺院（カリマンタン・シンカワン）

結果、ポンティアナから北に一六〇キロメートルほどにあるシンカワンというところで、それらしきものがあるという情報をつかんだ。もちろん、さっそく、行ってみることにした。

シンカワンはそもそも、華僑がおおく住む街である。なんでも、仏教徒がおおいようで、仏教寺院が目につく。とはいっても、日本の京都や奈良のようにはまったくならない。寺院は極彩色で、しかも、ピンクやパープルが好んでつかわれている……。私が台湾あたりでみた寺院も、そりゃあ、派手でしたけど、赤が主体。「シンカワン基準」にてらせば、シックにさえみえてくる。日本の寺院など、モノクロ写真にすらみえてくる。それほどに、シンカワンの寺院はド派手なのである。

街を闊歩《かっぽ》するひとびとには、それほど華僑感はない。けれど、ジャワやスマトラではお目にかかれない雰囲気。これはやっぱり華僑感なのだと思う。

インドネシアの奥ぶかさを痛感させる街。それが、シンカワンだ。

そんなシンカワンの街中では、「山口洋」という漢字をよく目にした。

「え？　やまぐちひろし？　そんな名前の日本人が、昔、ここで活躍でもしたのかな？　ああ！　あの、かつて、一世を風靡した探検家、シンカワンにも探検にきてたんだ？　へーぇ。で、どんな未知の生物とそうぐうしたのかな？　……いやいや、そりぁ、かわぐちひろしだっつーの！」

閑話休題《かんわきゅうだい》。山口洋はひとの名前ではなく、シンカワンを客家語で表現したものだそうだ。やはり、華僑がおおいのである。一説には、シンカワンの人口の四〇％以上を客家がしめているのだとか。かくて、山口洋を街なかでよく目にするというわけだ。

シンカワンの郊外、サリョンという地域に、陶工があつまって、工房をいとなんでいる。聞けば、サリョンは良質の粘土を入手しやすいのだそうで、だから、陶工があつまったのだ。盛時には六つの工房が腕を競っていたという。現在、その数は減じているものの、それでも、四軒の工房が生きのこっている。

サリョンでは、そのへんで採取できる在地の粘土もつかうけれど、カオリンもつかう。カオリンといえば、アノ、しるひとぞしる、カオリン。陶芸の世界では、たいへんに有名なカオリン陶土というのがある。けれど、まあ、サリョンのカオリンは、純然たるソレではあるまい。でもすくなくとも、陶工たちはそう認識している、まあ、そんなレベルだろう。

そんなカオリンは、ある陶工の言葉が正しいのなら、シンカワンの東六〇キロメートルのブン

足で回すロクロ
これは、さすがに女性の足（?）にはあまる

カヤンという場所でとれるんだそうな。まあ、げんみつには、カオリンの成分を含有する粘土ということになると思うけれど。

　で、その灰色の粘土を、トラック一杯一〇〇〇〇円で購入するという。ここの作業員の月収は、四〇〇〇〜一八〇〇〇円、ロクロ職人で二〇〇〇〇〜二四〇〇〇円となっている。だから、一〇〇〇〇円だったら、けっこうなお値段。粘土には、こだわっているのだ。

　成形は主として、ロクロに頼る。直径一メートルほどの円形のロクロがあって、それをナント、足で蹴って、回す。余談だが、おおきなロクロを足で蹴るということだと、女性にはかなり難儀であるかもしれない。みようによっては、ロクロの占有者は男性であるという主張とも解されよう。すくなくとも、このロクロのばあい、男性に限定されやすいと思う。

　回転力をくわえられたロクロは、二分ほどは回転をつづけるので、そのあいだに成形をすませるというしくみ。バングラデシュでみたロクロに類似し、ナカナカにヤッカイなロクロである。だから、ロクロを回すのはこれまたナカナカの重労働で、陶工がつかまるロープが天井からたれ下がっているという周到さである。

赤い、ちいさな祠《ほこら》を設置する工房もある。窯のそばにしつらえられた祠は、焼成の成功を祈念するためのものだ。陶工曰く、この祠は「コン・フー・チュー」にかかわるものだといい、ならば、儒教である。同様の施設はほかの工房でも確認された。彼らシンカワン陶工が、故郷の信仰をけっして忘れていないことがわかる。

シンカワンに陶工が移住してきた年代について、当人たちの記憶はすでにあいまいであり、質問しても要領をえないことがしばしば。ただ、とある工房責任者のはなしでは、三代まえ、一九四〇年代、戦争中のゴタゴタをさけるように、カリマンタンへとうつってきたという。むろん、陶工だけではなく、農民や商人など、さまざまな職業の中国人が、集団で、である。だから、彼らの故地を一か所にしぼりこむことはむずかしい。

ただ、私が採取したはなしでは、中国・広州が彼らの出発点の、すくなくとも、一つであったようだ。現在の広州市といえば、広東省の主要都市であり、「食は広州にあり」ともうたわれる広東料理の中心でもある。いまでこそ、富裕層のあつまる、押しも押されぬ経済都市であるが、かつては中国の南の辺境であり、貧しかった。でも、温暖で、環境は豊かで、だから、人口はおおい。だもんだから、海外を目指し、やがては東南アジアを席巻《せっけん》することになる、華僑の輩出地域であった。

やきもの目線でみれば、世界有数の窯業地域でもあり、その伝統をうけついだ陶工が、シンカワンにやってきたというわけ。予断は禁物であるが、窯業先進地域で腕をみがいた陶工が、カリマンタンという環境におかれ、どのような技術をはぐくんだのだろう？　そんなことをアレコレと想像（妄想）するだけで、調査地へとむかう私の足どりは軽くなるのである（ま、車で行きましたけれど――）。

龍窯

シンカワンでは、龍窯《りゅうよう》をみた（拙稿「海を渡った龍窯」佐々木達夫（編）『中近世陶磁器の考古学』第六巻、雄山閣、三一九―三三五頁）。龍窯は、とても、立派である。いわゆる「登り窯」であり、窯全体に傾斜がつけられている。前面の燃焼室の炎が、より高い位置をしめる窯奥へと登っていくのである。

窯は全体として、円柱を半分に切って、横にした感じ。断面はUの字をさかさにした感じである。底面の幅およそ一・八メートル、高さおよそ一・九メートルを測り、全長は二二メートルほどにおよぶ。焚き口のあたりがややふくらんでいて、なるほど、「蛇の頭」にみえなくもない。

そこから転じて（すこし、盛《も》って）、龍窯とよばれるようになったのだろう。ま、龍をみたことがないから、なんともいえないけれど、ま、中国人なら龍にたとえるというのも、アリっちゃあ、

龍窯の偉容
（カリマンタン・シンカワン）

アリだろう。当事者である陶工に、「コレ、なに？」と質せば、みな、口をそろえて「ドラゴン・キルン！」と答えていた。だからヤッパリ、彼らの認識としても、龍なのだ。

シンカワンが華僑の街とはいえ、インドネシアのカリマンタン島に、ドラゴンが堂々と鎮座しているのだから、スゴいと思う。華僑の越境力をまざまざとみせつけられた思いである。

その巨体ゆえであろう、龍窯の焼成は、長時間におよぶ。とはいっても、一二〇時間ほどから、ながくて丸二日間。もちろん、すでに紹介した野焼きや昇焔式窯焼成あたりとくらべりゃあ、そりゃあ、俄然、ながい。けれども、本家本元の中国の「登り窯」にくらべれば、断然、短い。シンカワンでは、釉薬をかけた陶器を生産しているものの、素焼きの土器もてがけている。素焼きなら、そんなに時間をかけなくても、無問題。ソモソモ、素焼き製品をつくるための粘土は、比較において、ソコソコのものにすぎない。けっきょくのところ、そんなにながく焚く必要もないのである。

でも、それでも、これだけのおおきな窯を操業するのは難儀《なんぎ》であって、燃料もたくさん消費する。窯の両脇には、木材燃料がとろこせましとつみあげられ、つぎの焼成にそなえている。窯の余熱で、燃料を乾燥させる意図でもあるのかしらん？　いずれにせよ、龍窯が第一線で稼働していることはまちがいない。

龍窯をそなえた工房はヤッパリ、超本格的である。その職人体制について、以下に紹介しておこう。

燃料となる木材をあつめる職人が四名おり、いそがしいときにはさらに三名のアルバイトをやとうという。巨大な龍を熱するには、膨大な燃料が必要で、人手も要るのだ。一方で、ロクロを活用するせいか、成形を担当する職人は、三名とすくない。この三名はロクロ職人ということになるが、必要とあれば叩き成形の技術も駆使する。さらに三名のうち二名は大型品、一名は小型品と、さらにこまかく役割分担がきまっている。成形品に装飾をほどこす職人も一名おり、とてもシステマティック、現代の工場にだって、ヒケをとらぬ。べつに、窯焚き職人四名もひかえているから、総勢一六名の大所帯である。

みなで粘土の準備をするというが、そうじて、分業体制はキッチリとしており、なおかつ、職人はみな、男性だ。インドネシアでもたとえば、プレレッドあたりだと、若干、そんな雰囲気がない

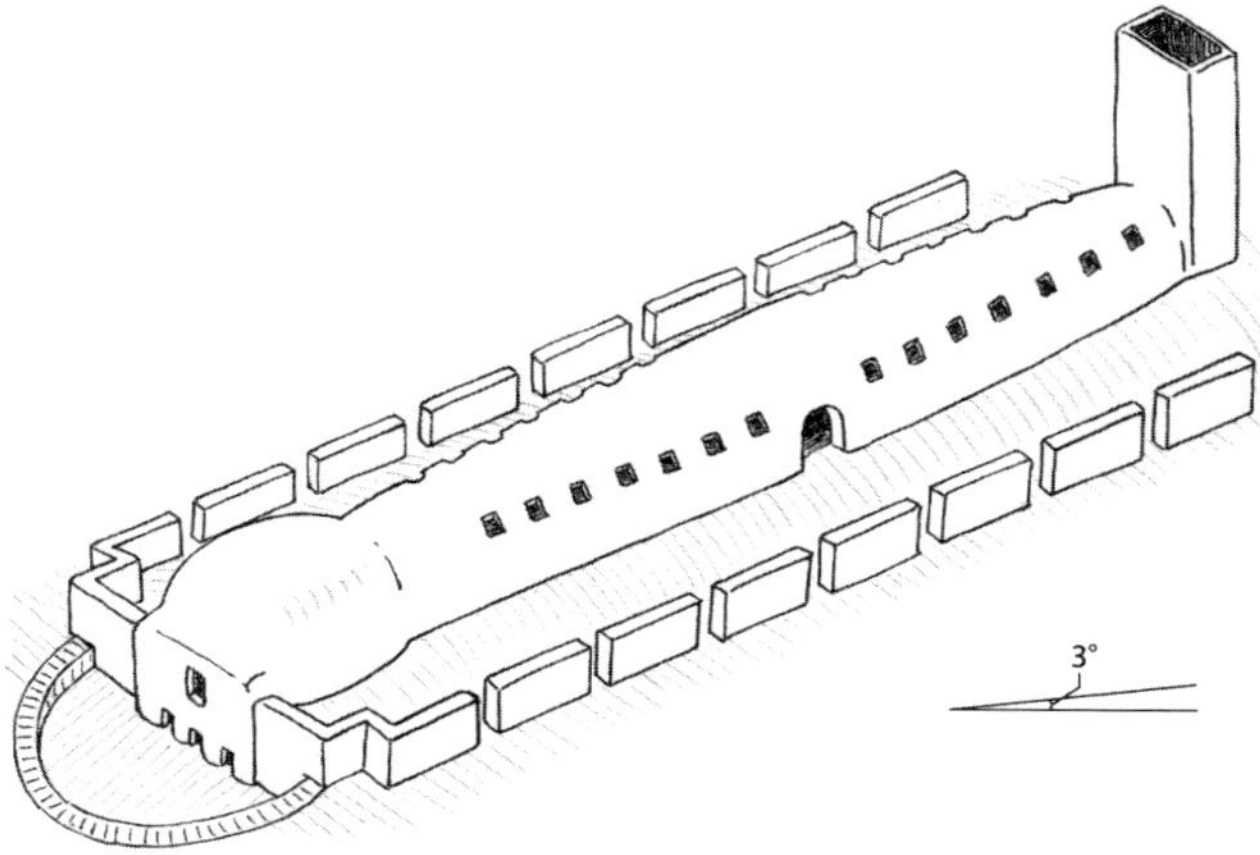

シンカワンの龍窯・模式図

わけではないけども、女性もおおいに活躍するプルタンあたりとは、はっきりことなってくると思う。オンナっ気ゼロの、ムクツケキ、オトコの世界。だからか、工房そのものはいたって質素。必要最低限のものしかおかれていない。そこにつどう陶工の組織は、あくまで生産性や効率を追究したものとなっているのである。

そんな龍窯、私はみるのがはじめてであったから、帰国後、いそいそと陶磁辞典を引っぱり出して、引いてみた。龍窯はもっともふるいもので商代の発掘事例があるというから、べらぼうにながい歴史をゆうする。戦国時代以降は、浙江、江蘇、福建、広東などの中国南部に広く築窯されたという。興味ぶかいのはその分布範囲。龍窯がとりわけさかんに築かれた範囲に、広州がふくまれるのである。

そう、広州が陶工たちの故郷と目される場所であることはすでにのべたとおり。でも、そう、そのように陶工たちが推測しているだけであって、具体的な詳細は忘れさられて、忘却の彼方。つまり、龍窯の存在だけが、彼らのルーツをしっかりと教えてくれているのである。龍窯は、寡黙《かもく》にみえて、意外と雄弁であったのだ。

中国本土の龍窯は、辞典によれば、その傾斜度は一〇度から、二〇度ほどだという。で、大雑把《おおざっぱ》にではあるが、でも、巻尺をちゃんと駆使して、サイズを計測してきた。その数値をもとに、数学の先生の全面協力・監修のもと、シンカワンの龍窯の傾斜度を算出してみた。いやあ、算数・数学をもっとちゃんと勉強しておくべきだったなあという、どうでもよい私の感傷は、どうでもよい。結果である、結果。

結果は、わずか、三度。そう、二〇度になんて、とうてい、およばない。つまり、シンカワンの龍窯は本国にくらべ、とてもゆるやかに築窯されているのである。コレは、完全な矮小化《わいしょうか》だと思う。さらに、中国本土の龍窯は二〇メートルから、おおきなもので八〇メートルにおよぶ。だから、シンカワンの龍窯は、思いっきり、最小の部類に入る。コレを矮小化といわずして、なにが矮小化だろう?

そして、素焼きの製品なんかもつくるから、そんなに焼き締めなくとも、よかろう。そんなにキツい傾斜をつけなくとも、目的をたっせられるのなら、そんなにがんばらなくとも、よい。龍窯はそもそも、山の斜面を利用してつくるという。でも、シンカワン陶工のまわりには、そんな都合のよい傾斜地もなかったんでしょう、おそらく。でも、築くとすれば、とりあえず、龍窯だろうということで、こういうことになった。しかも、そんなスタート時点の事情など忘却してしまった世代へと時代がうつりかわっても、ドラゴンへのコダワリはかわらなかったのである。荒波をこえてシンカワンへとたどりつき、あたらしい環境に適応しつつも、ちゃっかりとみずからのアイデンティティーを死守する。そんな物語が、龍窯には刻まれている。なーんて、つらつらと考えるのは、至福の時間である。だれがなんといおうと、断固、私はそう思います。

忖度

窯のはなしが出たついでに、脱線をおゆるしいただきたい。すこし、豪快な脱線となってしまうが、インドのはなしを挿入したいと思う。インドでは、都市型と郊外型の二つの事例をみたが、都市型に窯があって、郊外型は覆い焼きをしていることが確認された（拙稿「熱くて冷たい土器づくり：インドの民族誌」佐々木幹雄・齋藤正憲（編）『やきもの：つくる・うごく・つかう』、近代文藝社、一三三—一四六頁）。

では、都市でより高度な土器焼成が目指されて、だから、窯が築かれるのかというと、サニ非ズ。そもそも、都市も郊外もつくる土器の品質におおきなちがいはないのである。だから、なぜ、築窯にいたるのかということを、技術的な観点から説明するのはむずかしい。ここは、両者の環境のちがいに目をむけてみたい。都市部において窯が選択されている事実に率直にむきあうのならば、都市という環境こそが、陶工をして窯を選択せしめるのではないか？　そのような仮定がなり立つのである。

そもそも、都市とはどのような空間なのだろうか？　都市については、若林幹夫という文化人類学者が『熱い都市　冷たい都市』（青弓社）という本を書いていて、とても参考になる。熱いとか冷たいとかというのは、いわずとしれた文化人類学の巨匠、レヴィ＝ストロースの「熱い社会」と「冷たい社会」という考えかたの応用である。

いわゆる「熱い都市」は、「それが「自然」ではなく、「社会」である以上、（中略）都市を社会の他の領域とは異なる行為と経験の場として組織する規範や技術が存在している」というのである。つまり、都市にはその存在をささえる「規範」があって、そのような規範が広く遵守《じゅんしゅ》されることで、都市は都市たりえる。そんな見解を、若林幹夫は提示しているのである。

都市に特有の規範は、土器づくりにもおよんだのではないか？　それはたとえば、「窯で焼成する」という規範であったかもしれない。そうした規範は、都市でこそ、よりつよく意識されるはずだ。規範がよりげんみつに守られた結果としてならば、きゅうくつな都市部で、無理をしてでも窯を築くことだって、なんとか説明できると思うのだが、いかがだろうか？

インドで私がみた都市型の工房について、ここで具体的に確認しておこう。ニューデリー中心部から西に九キロメートルほどに位置するウットム・ナガルでは、住居兼工房が立ちならんでいる。しかも、この住居、大多数は判で押したようにおなじつくりになっているのだ。

間口は四メートルほどとせまく、三階建てで、奥行きはながくとられている。京の「町家」のようなイメージでいいと思う。

そして、住居の奥、屋内の二階から、三階・屋上にかけて、昇焔式窯が建てつけられているのである。もちろん、窯は大量の煙を排出するため、家中に煙が充満するはめになる。でも、そんなことはおかまいなし。また、窯は、かさばる。屋内におさめるのは、どうしたって、厄介である。無理矢理、窯を詰めこんだという印象を、どうしても、ぬぐうことができない。

外見からはまったくわからないけれど、これが典型的な土器工房である（ウットム・ナガル）

しかもこのスタイルがキッチリと踏襲され、みた目も構造もとてもにかよった工房がならぶ。どこも、ほぼほぼ、そうなのである。そこには、窯の形態からその設置場所にいたるまで、徹底した統一感をみとめざるをえない。そこに感じとれるのは、けんちょな規範であり、だから、とても「熱い」といえるであろう。

私の個人的な感想で恐縮だが、

屋内に詰め込まれた窯
（ウットム・ナガル）

インドはそれはそれは、とてもとても、疲れるところである。雑然とした街の雰囲気、ゆきかうひとびとが発する圧力、おいしいけれどこってりとしていて、翌日まであとをひくカレー……。どれもこれも、みること聞くことすべてが、面白いけれども、一瞬たりとも気をぬけない。ぬこうものなら圧倒されて、あっというまに押し流されてしまう。そんな怒涛《どとう》の時間を、ほんのすこしだけれど、私はすごしたのである。

そんな強烈な混沌《こんとん》とした個性に気押されて、私はインドの土器づくりは、さぞや、無秩序なのではないかと思いこんでいた。しかし、私のそんな思いこみは、誤解にすぎなかった。規範がある以上、雑多なみた目にまどわされてはいけない。これはこれで、秩序正しいといわねばならぬのだ。

このように、熱い／冷たいという観点から土器づくりをみやれば、興味ぶかい仮説が浮かんでくる。それは、こうである。都市を支配する規範は、土器づくりのありかたに深甚な影響をおよぼす。すくなくとも、都市の陶工はそれを遵守するのである。都市には、「かくあるべし」という雰囲気あるいは潮流のようなものが生じやすく、ひとびとはそっせんして、それに身をまかせる。あたかも、都市のルールにしたがうことが、都市の住人としてのじぶんを保証してくれるかのように。そして、たとえば、「窯を築くべし」という雰囲気がひとたび醸成されれば、ほんらいそこに拘束力などないはずなのに、都市の住人はそれにあらがうことをしない。かくて、おなじような窯が林立するのである。そこに、理屈などない。そう、「しきたり」のようなものを想像すればいいと思う。

インドにはカースト（職業カースト）があり、土器をつくる陶工も「土器づくりカースト」に属する。ならば、おなじカーストに属する者同士、土器づくりをめぐって一定の「作法」を共有していてもよさそうなものだ。いや、実際に共有しているのだろうが、同時に、都市には都市の規範があって、これをみなが墨守《ぼくしゅ》する。墨守するからこそ、規範なのであり、そのような無形だけれど、げんみつなルールが陶工をも規定する。そりゃあ、そうだ。陶工だって、にんげんだもの。

そして、つくづく、思うのだ。

土器などは、どこまで行っても、モノにすぎない。しかし、それをつくるのは人間である。人間はそれぞれの社会を生きており、その社会の空気を吸い、目にみえぬものを察するのだ。そして、規範をみずからうけ入れる。いまはやりの言葉でいえば、「忖度《そんたく》」するのである。忖度することで、はじめて、社会の一員となりえるのだ。くり返すが、規範はどこかに明文化されているわけではない。でも、とくに都市に密集したひとびとは、それを敏感に感じとり、律儀に守るのである。かくて、多少の困難などモロともせず、陶工は屋内に窯を築きつづけるのである。

そして——。

ひょっとすると、ロクロを挽く陶工の性別を決めるのも、同様の規範がはたらいているのではあるかいか? そう、「ロクロは男が挽くべし」という規範が、である。それは、はっきりとしたものではないけれど、不思議とみな、それにしたがう。したがわないという選択肢など、はじめから、ない。すこしでも逸脱《いつだつ》することを、無意識におそれるのである。もちろん、そんな雲をつかむようなおぼろげな規範など、げんみつに見定めることはむずかしかろう。しかし、そのような規範の影響を、それこそ忖度しなければ、文化の本質はみえてこない。そのように忖度させていただきました。

第四章　古層

土器を焼く女たち　スマトラ・ガロガンダン

基層

さて、たいへんながらくお待たせしました！　スラウェシ島中部の都市・パダンから車でおよそ一〇〇キロメートル、標高五〇〇メートルほどのやや山間《やまあい》に、目指すガロガンダン村はある。基層的な技術をのこしていると推測されるガロガンダンの土器づくりを紹介させていただこう。

まず成形であるが、まず、手で薄い板をつくる。みたところ、そんなにキッチリした感じではなく、わりとテキトーな感じ。それもそのはず。この時点での粘土は、まだまだ、ぜんぜん、やわらかいから、げんみつな造形など、のぞめない。むしろ、あつかいにくい粘土をうまくあつかっていると評したほうがよさそうだ。

そんなヤッカイな粘土を、竹でつくった枠にはめる。イヤイヤイヤ、お母さん（つくり手は女性である）、枠といっても、ずいぶん、ゆがんでいますけど？　でも、そんなことはモノともせずに、手でのばし、すこしふくらませていく。

そのあと、叩き板による叩き成形をほどこして、さらにふくらませていって、手でなでて、調整すれば、できあがりだ。私の感覚では粘土もずいぶんやわらかそうだし、枠もゆがんでいるし、こんなんで大丈夫かいなと心配してしまった。でも、そんな心配はキユーであった。ヨユーで、土器はできた。ガロガンダンの陶工は女性であるが、彼女たちの、経験と度胸（？）に、みょうに感心してしまったしだいである。

いい感じにふくらんだ土器は、乾燥させたあと、枠をはずす。端部をすこし調整し、そこに、手作業でつくった粘土紐を回しのせていく。最後に、ぬれた布ではさむようにして調整すれば、キレイな口縁《こうえん》（口の部分）ができ、鉢形の土器が完成するというわけ。以上、基本、完全手作業。ロクロのたぐいはまったく利用されない。概念すら、どうも、ないようだ。

　焼成はいわゆる覆い焼きということになるだろう。まず、レンガをならべ、木材を井桁《いげた》に組んで、嵩上げをする。これは湿気に配慮した工夫であると推測され、ジャワ島あたりの同様の覆い焼きでもよくみられる工夫であって、特段、めずらしいものではない。

完全手作業で土器をつくる
（スマトラ・ガロガンダン）

　観察した事例だと、一七〇センチメートル四方にレンガ・木材を組んだ。が、通常はこの倍の規模でやるという。

　プルタンでもそうだったが、たまたまおとずれた私のムチャぶりにも、陶工はいやな顔ひとつせず、おうじてくれた。もちろん、インドネシア陶工の気さくさや鷹揚《おうよう》さのなせるわざなのだろう。が、もう一つ。覆い焼きは簡便なのだ。いつもやっているやりかたはあっても、規模についてはフレキシブルで、きゅうきょ、ちいさな焼成をおこなうのも、たやすい。これが窯だと、むずかしいでしょう。窯に作品を詰めるけど、スッカスカというわけにはいかない。窯のおおきさはきまっているから、それにあわせて目一杯、キッチリ窯詰めしなくてはならない。時間だってかかる。燃料だって、無駄にはできない。リクエストされたって、オイソレとは、できるシロモノではないのだ。

つくづく、思う。覆い焼きのようなやりかたは、とても自由だ、と。変幻自在だ。そして、この観点から浮き彫りになるのは、窯の特色である。窯は、とかく制約がおおい。場所も規模も選べない、きまっている。じっくりと腰を落ちつけた感じ。つねにおなじ条件・状況で土器を焼くから、安定した生産にむいているだろう。そもそも熱をそとににがさず、バッチリと土器にあてるから、熱効率だってよかろう。つまり、安定や効率をもとめれば、反比例して、制約がふえ、自由はうばわれる。あらたに窯を築き、つかわんとすれば、そこまでの覚悟が必要なのだ。覆い焼きを継続している陶工は、安定や効率をもとめる意識が、比較において、希薄といわねばならぬだろう。

さて、井桁のうえに土器をおいて、さらに藁をかぶせて、点火する。ものの定義によると、藁をかぶせた時点で覆い焼きと認定できるから、この事例はやっぱり覆い焼きだ。でも、泥や籾殻といった特別な被覆《ひふく》材をもちいることはない。なので、覆い焼きでも開放度は高く、だからやっぱり、開放的な野焼きにちかいわけで、とどのつまり、素朴な覆い焼きということになるだろう。

焼成は一人の女性が中心におこなっていた。ただ途中で、とり出しなどをするために、いそがしくなってくると、ここに二名の女性が、アシスタントとして、くわわってくる。

点火後五五分で、最高温度は七〇七℃を記録した。この温度は、まあ、ハッキリいって、低い。でもまあ、ぎりぎり「煤切れ」を達成している。つまりは、最低限、焼けていると評価できると思う。そもそも、高い温度を追求してはいないのだ。器として、最低限度、焼き締まっていて、実用にたえれば、それでいいのだ。でも、さすがに「生焼け」はまずかろう。だから、ギリギリをねらう。そんなふうに考えると、彼女たちの技術も、ナカナカ、ドーシテ、立派なもんです。ながい経験に裏打ちされて、このくらい焼けばダイジョーブという、そのラインを知悉《ちしつ》しているのだから。

ガロガンダンの覆い焼き
これで、土器を焼きます

　最高温度を計測するとほどなくして、土器をとり出していく。そして、ちょっと、ビックリしたのだが、とり出した土器に籾殻をふりかけ、さらに藁もかぶせて、「いぶし焼き」をおこなう。まさに、プルタンの陶工が焼成直後のまだ熱をおびた土器に樹脂をぬりつけるのと、どこか、にている。ただたんじゅんに、焼きあげるのではなく、最後に一手間、くわえる。そこに彼女たちのこだわりがみてとれるのである。

結果、あたりまえだが、土器はまっ黒く焼きあがる。あえて、炭素をたくさん発生するものにふれさせるのだから、いわゆる「黒斑」と原理は一緒だ。でも、「黒斑」はのぞまれざる黒いシミだけれど、「いぶし焼き」は意図的に、黒いシミをまんべんなく吸着させていくのである。もちろん、赤く焼きあげたいのならば、とり出して、そのまま冷却させればよい。でも、彼女らの感覚では、土器は黒いほうがいいとされているのだから、おどろきだ。

思えば、西アジアで産声をあげた昇焔式窯は、「黒斑」を回避するべく、燃料と作品をわけたとも解釈できる。とするならば、ガロガンダン陶工の発想は、まぎゃくである。同時に、彼女たちのうちに、西アジア的発想がしのびこんでいないとの推測もなり立とう。外部の技術的発想に毒されて（?）いないのなら、ガロガンダンの技術は土器づくりの「古層」たりえる。そんな着想が思い浮かぶのである。

ガロガンダンでは、女性が土器をつくる。男性がつくることはないのかと質問したところ、それこそ、鼻で笑われてしまった。このリアクションは、私にはある意味、とても新鮮であった。土器をつくることは家事の一環であり、基本的に、男性がかかわることは一切ありません、とさ。

ただ、村のそとに土器を行商に行くようなばあいは、男性がやるという。重い土器の運搬だけ

バングラデシュの陶工
自分でつくって、自分で売りに行く

土器の行商に行くガロガンダンの男性
これから、土器を売りに行く

は、男性の協力をあおぐのだ。じっさいに、村に入る途中で、土器をたくさんかつぎ、まさにこれから売りに行きます、という男性とすれちがった。私はバングラデシュでも、おなじ光景を目にした。ただしガロガンダンでは、男性のはたす役割は基本的にそれくらいのようだ。基本、土器づくりは女性の仕事になっているのである。

だからだろうか、専用の工房が用意されることもない。家事の合間をぬって、家のなかのあきスペースを利用して、母と娘があつまって、土器をつくる。これが、彼女たちの流儀だ。

考古学者の都出比呂志は、いわゆる「原始土器」は女性がつくるが、ロクロをもちい、「専業化」がはじまると、男性がつくるようになるとの見解を示している。ガロガンダンの土器づくりは、女性が叩きによって成形する点で、まさしく「原始土器」の生産にちかいものだといえると思う。「原始土器」の技術水準でも男性が生産するという、台湾・蘭嶼のヤミ族のような例外もあるから、短絡的に、素朴な土器づくりは女性がになうと断定することはできない。

でも、ガロガンダン社会において、土器を女性がつくる。この事実だけは、ドーシテも、動かない。モーレッツないきおいで、土器づくりが男性の仕事になっているという昨今の趨勢にあっては、とてもレアなケースになることうけあいである。

一方で、そんな素朴な生産様式を保持するガロガンダンだが、「専業化」という点では、注意が必要。すでに紹介したように、成形にさいして竹枠を利用したり、焼成において通風のために嵩上げするという工夫は、たしかに、みとめられる。が、全体としては、素朴な技術を堅持したまま、しかし、近隣の村落にまで土器を供給しているのである。彼女たちは「売り物」としての土器をてがけるレッキとしたプロであり、そこには、一定以上の専業性をみとめなければならない。

聞きとりをしたかぎりでは、二週間に一回のペースで焼成し、一回の焼成で五〇個ほどを焼くというから、月に一〇〇個は生産していることになる。もちろん、一つの家庭で月に一〇〇個もの土器を消費するとはとうてい思えない。であるなら、素朴な生産技術を温存したまま、ほんのすこしの技術改良によって、これくらいの大量生産まではすすむことができる、といえよう。ここで大胆にふみこむのなら、専業化が先行し、技術革新がこれを追いかける。そんなモデルが、すくなくともガロガンダンという場所では、思い描かれるのである。

はなしを戻そうか。

ガロガンダンのような女性による土器づくりが、どういった経緯で、男性の土器づくりへと変容するのか？　ということを考えるばあい、さけてとおれないのは、ロクロの問題だと思う。すでにのべたように、ロクロをつかえば、男性がしゃしゃり出て（？）きやすいのだ。ロクロのロの字もないガロガンダンにおいて、土器をつくるのが女性に限定されるのは、技術とジェンダーにかかわる法則性を逸脱するものではない。窯だってつくらないし、まあ、要件は満たしている。そして、だからこそ、カロガンダンは「古層」たりえる。この着想はもう、私のなかでは確信にまで高まっている。

母系

土器づくりの「古層」をいまに伝えるガロガンダン。そこに住まうミナンカバウ族の社会が母系社会だというのは、とても有名なはなし。けれど、じっさいのところ、どうなんだろう？　土器の取材をしながら、彼らの慣習についても、いろいろと質問をしてみた。

ここで私は、母系社会にくらすひとびとを相手にすることになった。母系・父系の問題はとても興味ぶかく、奥ふかい。簡単に説明するのはむずかしいけれど、あえて簡単にいえば、みずからの出自を母親でたどるか、父親でたどるかのちがいによって、母系・父系が区別される。たとえば、日本において、「サイトウさん」は、サイトウという父親の苗字によって系譜をたどるわけで、婿入りした男性をのぞけば、父系的であるとみなされる。日本については、ほかに母系的な要素もあって、母系と父系の入りまじった双系という立場をとる研究者もいて、なかなかにむずかしい。

で、とりあえず、母系だ、母系。母系社会を構成する要素もいろいろあるけれど、ソコソコ通底しているのは、土地・家屋を女性が相続し、母系の紐帯を基礎に、大型住居で複合家族をいとなむ点だ。ガロガンダンでも、土地・家屋は、ほんとうに、女性が相続するという。近年、急速に放棄されてしまったようだが、つい二〇年ほどまえまでは、ルマ・ガダン（おおきな（ガダン）家（ルマ）という意）とよばれる大型住居が現役バリバリだったんだという。

いまでは建物こそ、近代的なものにかわり、家族単位で、個別の住居がいとなまれるようになった。でも、母親の住居のまわりに、娘たちがそれぞれ家屋を築いている。パッと見にはわからないけれど、すこしはなれて、ながめてみれば、母の家屋のまわりに娘たちが居をかまえているのがわかる。母系の紐帯は堅固に堅持されているのである。よって、母系的大型住居の伝統は、かたちをかえて、うけつがれているといえよう。

ガロガンダンのもう一つの特徴は、出稼ぎがさかんだということ。ガロガンダン村には三〇〇名の男性村民がいるそうだが、そのうちじつに二〇〇名もが出稼ぎに行っているというから、すごい割合だ。成年男性はほぼほぼ、出稼ぎをするいきおいである。女性が出稼ぎにいくケースも皆無ではないが、圧倒的に男性陣が出るんだとか。ミナンカバウの出稼ぎについては、いわゆる「通過儀礼」だとみるむきもあるようだが、現在では、そこまでの強制力があるふうではない。みな、あたりまえのように、行くし、そこに切迫感・悲壮感はほとんど感じられない。

ガロガンダンにおいて、土地を売るひとはとてもすくないという。娘が結婚しない・できないといった特殊なばあいのみ、土地が売却されることがあるという。基本的に、土地は家・親族の共有財産であるという考えかたが根づよいらしく、かりに土地を売るばあいにはスク長の許可が必要だという。所有者の意向だけでは、土地を売ることができないのであって、つまりはとても、やっかいなのだ。

土器をつくる娘、それを見守る母
（スマトラ・ガロガンダン）

え？　スク？　スクというのは、彼らの認識では民族・民族集団を意味する。インフォーマント（情報提供者）の認識では、ミナンカバウにはかつて七つの民族集団＝スクがあったという。始祖となる集団といったところだろうが、もちろん現在では、スクはもっとおおくに分節化しているという。スク長は、そうした民族集団・血縁集団の長ということになる。もしも、誰かが悪いことをしたら、それは、スク全体の責任となる。

そりゃあもちろん、スマホが幅をきかせる昨今、スク長の権威は形骸化《けいがいか》しているのでしょう。でも、スク・スク長というかつての社会システムについての知識が、じっさいにかたられることの意味はちいさくない。だって、スクやスク長という概念が、いまだに、認識されているのだから。

さらに、かんれんしたところでは、婚姻において、同スク内結婚はダメで、スク外婚が基本だとされており、これもソコソコ守られているという。だから、スクを基調にすえる社会システムは、一部なりとも残存していると考えなければならない。と、思うのである。

ママックという「立ち位置」も、ある。ママックというのは、母方の叔父のこと。そんなママックは、わかりやすくいえば、まぁ、「顔役」みたいなものだろうか。母から娘に土地を継承するさいにも、ママックの許可が必要なんだそうである。

また、たとえば、結婚するときなども、ママックに相談するのが普通で、ママックの承認をえる必要がある。もちろん、近年では自由恋愛も増えてきているが、それでも、最終決定はママックにゆだねられるという。まあ、「結婚など、ワシゃ、断じてみとめんぞ!」などという修羅場《しゅらば》は、じっさいには、ほとんどないのだろう。が、自由恋愛でも、わざわざ母方の叔父におうかがいを立てるというのだから、律儀なものだ。

むろん、ママックは姪・甥とはべつに住むのがつねだが、なにかあれば、わざわざママックのところに出むいて、相談するという。こうした慣行が、ホントのトコロ、どこまで遵守されているかは、もちろん、疑問がのこる。ママックの権威や、慣行の意義は相当程度、うしなわれてしまったとみるべきでしょう。ただ、まがりなりにも、ママックが認識されているのは、まぎれもない事実。ならば、多少なりとも、システムの残滓《ざんし》はのこっているとみるべきであって、ゆめゆめ無視してはいけないのである。

現在、ママックの力量が問われるのは、「会議」の場である。「会議」といっても、それは名ばかり。とどのつまり、宴会である。ママックが主催し、彼が責任をおう。三〇〜四〇名ほどがあつまって、飲み食いをする。その費用を、どうも、ママックが負担する。つまり、ふるまうのだ。すでに、ふれたように、ガロガンダンの男たちは出稼ぎに出ることがおおいのだが、そこでえられた収入の一部は、宴会に散財されるのだという。ママック的には、腕のみせどころ、甲斐性《かいしょう》を誇示せねば、オトコがスタる。いつ示すの？　今でしょう！　この感じ、オトコである私は、なんとなく、共感できる。とてもとても、男らしい「しきたり」のように思うのである。

個人的に興味をそそられた慣行は、まだある。グラルである。

グラルとは、男性が結婚するさいに与えられる尊称のこと。ニックネームよりはちゃんとしていて、あたらしい名前にちかいものだと考えていいと思う。昨今のガロガンダンでは大家族も核家族もあるが、核家族のばあいでも、実母の援助のもと、あたらしい家は女性のほうで用意する。つまり、そこに男性が、いわば「婿入り」するのであり、そのさい、婿殿にあたらしい尊称《グラル》が与えられるのだ。各家庭にいくつかのグラル名がストックされていて、婿がくると、適当なものを選んで、さずけるんだという。グラルを与えられると、ほんらいの名前はうしなわれてしまうというから、ビックリ！　まあ、仕事などでは旧名をつかうというはなしもあり、現在では、ずいぶん形骸化してしまっていると思う。

ミナンカバウ研究の第一人者・加藤剛先生も、彼らの主張を鵜呑《うの》みにしてはいけませんと釘をさしてくださった。でも、たまたま送迎をお願いしたタクシーの運転手も、彼は男性であるが、結婚したとき、グラルを与えられたという。同ドライバー氏は、パダンという都会で運転手をしている。そんな現代の都市生活者が、グラルの慣行を経験しているのだ。グラルというしきたりが完全になくなってしまったとはいえないのではあるまいか？

なお、このグラルも、ママックから甥へと継承されるという。結婚にさいし、男性が名前をかえる。この慣行は、母系社会の意味を再確認するうえで欠かせないものなのだろう。女性が土地・家屋を相続し、腰をすえる一方、男性は、ママックなどともちあげられはするものの、つねにそとに出ることをしいられる、いわば根無し草。「定着する女性」と、「浮遊する男性」というバランスのなかで、男性が名前をかえるのはおおいに納得できる。

女性こそがアンカーなのであり、女性を中心にものごとが動いていくのである。ぎゃくに、苗字を男性にあわせる（ことのおおい）日本などは、そこだけをみれば、それはそれは、父系的・非母系的といえるのである。

そして。キワメツケは、死者の埋葬だ。男性は死ぬと、じぶんの親の墓所に埋葬されるという。つまりは、生家に戻される。この生家は、婿入りさきとはちがう。ようするに、夫婦はべつべつに埋葬されるという顛末《てんまつ》となる。いわゆる嫁姑問題が入りこむ余地がないのは歓迎できるかもしれないけれど、——夫婦別葬ですよ？　夫婦別姓すらままならない日本人の感覚からしたら、とてつもなく、エキセントリックだと思う。この夫婦別葬も、よくよく調べてみれば、形骸化してましたというオチなんでしょう、ヤッパリ。それでも、そういう認識がわずかながらもうけつがれ、それほどに、かつては母系原理がかたくなに墨守されていたのだ。ある意味、スゴい感覚だと思う。

家庭

ところでさいきん、河合隼雄というかたの、『中空構造日本の深層』（中公文庫）という本を読んで、目から鱗《うろこ》が落ちた。河合隼雄は心理学者であり、とりわけ心理療法に造形がふかく、文化庁長官も努めた碩学《せきがく》である。彼の思索は独自の日本文化論に根ざすものであり、日本文化論にかんれんする著作もすくなくない。

『中空構造日本の深層』もその一冊である。一九九九年に初版だから、読んでいてしかるべき本だったのかもしれないが、私には縁がなかった。でも、つい先日、たまたま、大学の生協を冷やかしていたら、ひらづみにしてあって、目にとまったので、買ってみたというわけ。で、私の現在の問題意識にとてもよくマッチしたというわけ。

で、本の内容、本の内容。

河合によれば、「日本の家」は「強力な母性原理によって支えられている」といい、「母性の原理とは、端的にいえば、すべてのものを平等に包合することで、そこでは個性ということを犠牲にしても、全体の平衡状態の維持に努力が払われるのである」とした。たいして、「父性原理は善悪や、能力の有無などの分割に厳しい規範をもち、それに基づいて個々人を区別し鍛えてゆく機能が強い」のだとか。

河合はまた、日本の家は社会に従属して存在し、家も社会も母性原理によってささえられていると考えた。かつて「明治の父」はつよかったとされるが、じっさいは母性原理の推進者としてのつよさをもっていたという。つまり、家と社会とを通じてはたらく母性原理を行使していたのであって、父親自身は父性的なつよさをもっていなかった。河合はそう、解する。西洋の家庭では対照的に、父親は父性原理にささえられ、社会にたいしても独自の規範をもって抗対するだけのつよさをもち、それによって家族にもせっしていたのである。

お？　規範？

しかも、社会に対抗するという意味では、規範は、のどかな村落よりも、都市においてより重要になってくるだろう。なんとなれば、規範とは他者とのはげしい競争にたいする自己防衛のようなものであり、都市においてこそ、よりけんちょに意識される処世術のようなものと考えられるからである。父系原理のより卓越する都市では、女性による土器づくりを男性がうばい、独占しようとする。ロクロや窯を導入し、それらを女性にはつかわせないという規範によって、男性優位の状況を強引につくり出すのである。だったら、ロクロや窯というのは、男性優位を演出する「小道具」にすぎないのではないか？　そんなことまで、考えてしまう。

日本が母系なのか、父系なのか、はたまた双系なのかについては、慎重に議論をしなければならないし、軽々に断定できるものでもない。でも、日本文化の本質に、母系原理を見出した河合の見解は、傾聴に値すると思う。

そして議論は、家族へもふみこんでいく。日本の父権的複合家族は戦後、急速に民主主義的な核家族へと変化した。核家族になることで父性原理が強調されていくのであり、かつての父権的複合家族も、複合家族である以上、母性原理にささえられていたとみることができるというのだ。「西洋においては、このような家庭内の教育（独自の規範に根ざした厳格な教育）によって子供たちは近代的自我の形成を成しとげ、従って、親から自立して核家族を作り上げることが可能となるのである」。複合家族をむねとし、母性原理の卓越する日本は、西洋のような家庭における個人の教育を欠いたまま、核家族という家族のカタチだけをとり入れてしまった。だから、問題なんだそうです。――納得、納得。

ここで、あえて、これまでのはなしをからめての一般化を強行するのなら、つぎのようになるだろう。すなわち、母性原理にもとづいて複合家族をいとなむ湿潤地域は、稲をつくり、ひとつひとつの村落が孤立する、冷たい空間である。そこでは、女性を中心とする複合社会がいとなまれる。母系原理がめだち、男女協働を基調とする。この対極にあるのが、乾燥地域である。そこでは、麦をつくり、交易・交換をしなければならず、そこでは、男性を中核とする核家族が形成される。個々の核家族は、規範をうけ入れつつ、都市という熱い空間をつくり出す。両者は、社会を構成する原理において、まったくをもって、対照的ということになる。そして、その対比を追究していけば、そこには、期せずして、家族のカタチが浮かびあがってくる。文化を思い、アジアをいくら彷徨《さまよ》ったとて、けっきょくは家族というたいへん身近なものへと還流していく。こうした円環的な考えかたは、冷たい社会の特徴であるとされる。アジアの片隅で、家族を考える私は、やはり、冷たい社会の住人なのであろう。

そして、つくづく、思わずにはいられない。家族を想うことと、社会を考えることは、同義なのだ、と。家族のありかたとはすなわち、社会のありかたなのである。社会をかえようとするのなら、家族をかえなければならない。いいや、家族をかえなければ、社会はかわらない。いまの社会がかかえる問題や課題を解決したいと思うのなら、まずは、家族にむきあうべきなのだ。そんなことを、思いしらされた。

中空

いましばし、河合隼雄がいうところの、「日本文化の深層」を掘り下げてみよう。日本の神話を考察した河合は、「わが国が常に外来文化をとり入れ、時にはそれを中心においたかのごとく思わせながら、時がうつるとそれは日本化され、中央から離れてゆく。しかもそれは消え去るのではなく、ほかのおおくのものと適切にバランスをとりながら、中心の空性を浮かびあがらせるために存在している。このようなパターンは、まさに神話に示された中空均衡形式そのままであると思われる」との見解を示した。これは、上山春平という研究者の主張とも矛盾しないという。

哲学者・上山春平は、仏教や日本文化論の大家であり、京都大学教授、京都国立博物館館長、京都市立芸術大学学長を歴任している。彼は、「思想の日本的特質」として、「ラジカルな哲学否定」や「思想における徹底した受動性もしくは消極性」を見出し、「体系的な理論の形で、積極的に主張（デーゼ）を押し立てて行くことをしない態度」をみるのである。上山は日本文化を「凹型文化」と表現しているようだが、河合の眼には、「中空構造」としてうつったのだ。そして、「日本の中空均衡型モデルでは、相対立するものや矛盾するものを敢えて排除せず、共存し得る可能性」を指摘した。日本文化の深層には、共存というキーワードがひそんでいるのである。

一歩すすんでみよう。中空均衡型の社会は、「全体の平衡」に配慮する母系優位社会においてこそ、成立しえ、それは同時に、湿潤アジアの基調とも目される。そのような場所では、たとえば土器づくりなどは、個々のあたらしい技術はおおいにとり入れられるものの、中心とはならない。そもそも、中心にするつもりなど、ハナからないのだ。あたらしい技術がちょこちょことり入れられることは往々にしてあったとて、家族のありかたにまでインパクトを与えるような、あたらしい体系が受容され、それが根づくことは、すくなかったのではあるまいか？　家族や社会のほんらいの伝統を保持することが優先される。それが、キホンになる。

でも、インドネシアの土器づくりにおいて、家族にかかわる部分、土器製作者の性別が、女性から男性へと切りかわる、あるいは切りかわりつつあることも事実である。ただ看過できないのは、完全に男性へと切りかわってしまうのではなく、女性参加が一定程度、温存されるケースもあることであろう。ここにこそまさに、母性原理を色濃くのこす湿潤アジアの個性が、にじみ出ているのではないだろうか？

そして、どうしても、思ってしまう。プルタンへのあたらしい技術の移植や、プレレッドにおける大量生産への方向転換は、一九七〇年代以降、つまり現代以降の現象なのだ。現代において、なにがおこっているのか？　それは、常識的に考えれば、現代化である。

伝統的な母系原理は、すくなくともその一部は、近代化の波をこそ、くぐりぬけた。でも、現代化の荒波には、のみこまれるしかなかった。母系原理をよく温存した複合家族は解体を余儀なくされ、都市部における核家族の形成をみた。家族単位で社会にのり出すならば、融和をむねとする受動的な態度をとるのは得策ではあるまい。他者の後塵《こうじん》を拝《はい》することのないよう、能動的にふるまい、明確な自己主張をたえずしなければならぬ。

だとすれば、比較において体格に勝る男性が矢面に立つ。ならば、どうしても、父系に傾いてしまうのだろう。だから、核家族では父系原理なのだ。では、核家族になればすぐさま、例外なく、土器づくりが女性主体から男性主体へと切りかわるわけでもあるまい。でも、方向としては、ドッチかといえば、ソッチにゆらいでいく。いきやすい。

それでも、湿潤アジアは、比較において、ふみとどまっている。グローバルな昨今、中空のまんなかや凹型のくぼみなどは、うめられつつある。だから、ようは、程度の問題になっているのである。中空や凹型は、どの程度、標準化されてしまっているのか? そこのところの意識がなければ、アジア文化の本質をつかまえることなど、とてもではないけれど、おぼつかない。そんな思いが、私の脳裏にこびりついている。

第五章　分業

焼成を準備する女たち　台湾・豊浜村

省察

インドネシアにおいて現代の陶工をながめていると、土器をつくるのはそもそも女性だったと思えてくる。たぶん、これはまちがえていない。では、そういう前提に立つのなら、つづいて、しりたくなるのは、女性による土器づくりが、どうして男性主体になっていくのかということ。これは、とどのつまり、性別分業のはなしである。土器づくりを観点にすえているから、やや、かたよってみえてしまうかもしれないが、けっきょくは、ジェンダー・バランスのはなしになってくるのだと思う。

ずばり、ジェンダーはそんなにメジャーな研究テーマではない。ないけれども、性別分業を追究する研究が、考古学的解釈の発展におおいに寄与すると考える研究者はたしかに存在する。これでも、考古学徒のハシクレであった私には、どうしても、無視できない。

過去のジェンダーの状況を探り、それがどう、どのような要因によってかわったのか？　このことを追求するのは、すなわち、文化を考えるうえで重要であると思われているのだ。でも、コレはあまり異論のないところであろうが、当の考古資料はこの問題にかんして、いたって寡黙である。でも、しりたい。

こうした理論・解釈上のギャップをうめようとするとき、しばしば参照されてきたのが民族誌なのである。

たとえば「世界に冠たる」日本の土器研究（ようするに、情報がいっぱいある）においてすら、土器製作における性別分業を、考古学的資料にのみもとづいて考察するのは、とても、むずかしい。傾聴に値する文献資料も存在するものの、でもそれは、ごく少数にかぎられてしまう。こうした資料状況にあって、つくり手の性別という情報をそなえた民族誌はおおいに重用され、性別分業をめぐる解釈に甚大な影響を与えている。

コレは動かしがたい事実である。だから、民族誌調査をまがりなりにもやってきた私は、性別分業について、ひいてはジェンダーについて、ほんのすこしならば、物申す資格がある。と、じぶんにいい聞かせつつ、さきにすすむとしよう。

私が注目したのは、台湾の原住民族、ヤミ族およびアミ族の事例である。

台湾における私の最初のフィールドは本島の南東に浮かぶちいさな離島、蘭嶼であった。そこで土器づくりの名人として名をはせていた老人（男性）を取材することができた。私にとってははじめての湿潤アジアの調査であったから、それはそれは、とてもとても思い出ぶかいものであった。なんせ、ご老人、日本統治時代に教育をうけているから、日本語が話せる。だから、取材言語が日本語なのだ！　えがたい経験をさせていただいたのだが、数年後、悲しい知らせがまいこんできた。土器づくり名人が亡くなられてしまったのだ！

蘭嶼ヤミ族の土器づくりを観察できた幸運は、予期せぬ訃報《ふほう》という不運の裏返しであった。人生とは、かくも、数奇《すうき》。冥福をお祈りするばかりである。——合掌《がっしょう》。

伝統技術の復興にいどむ蔡氏
（台湾東部・豊浜村）

いまは亡き土器づくり名人
（台湾・蘭嶼）

そして、台湾本島の東部、豊浜村というところでは、アミ族の女性による土器づくりをみた。残念ながら、げんみつには、アミ族の伝統はうしなわれてしまっていたのだが、これを復活させたグループがいた。代表の蔡さんに知己をえ、取材することができ、その全貌を確認できたのであった。そして、ややこしくて申し訳ないけれど、男性が土器をつくるヤミと、女性によるアミ。そんな、まぶしいくらいに対照的な事例を、両方、この目でみることができたのである。

さて、これらの事例においては、ともにロクロをもちいることなく土器を成形し、野焼きによって焼きあげる。おおきなちがいは、製作者が男性か女性かという、性別のちがいである。すでにふれたようにヤミ族では男性、アミ族では女性が、それぞれ土器づくりをになうのである。

後述するように、土器製作者の性別を規定した要因についてはおおくの説明が提出されているが、ヤミ族とアミ族の両事例をみくらべることによって、これらの諸仮説をしぼりこめるのではないか？　と、そう目論んだのである（拙稿「土器をつくるのは女性か？　男性か？：台湾原住民の土器づくり民族誌にみる性別分業」、菊池徹夫（編）『比較考古学の新地平』、同成社、八八四―八九四頁）。

まずは、性別分業をあつかった先行研究をいくつか確認しておこう。なお、多角的になされてきた土器製作者の性別推定であるが、そのアプローチはおおきく三つに集約されるであろう。すなわち、民族誌、考古学、文献資料の三つの視点である。それぞれについて、おもだった論点を整理しておこう。

まずは、民族誌からのアプローチ。すでにのべたように、性別分業にせまる切り口として、民族誌がはたした役割はちいさくない。その古典的論考がマードックによる研究である。マードックの研究についてはもうふれたのだが、再度、言及しよう。

いまなお、高い頻度で引用・参照される彼の研究は、膨大な民族誌情報をもとにしており、土器づくりにかぎらず、さまざまな生業・工芸にかんする性別分業の事例を集成し、その傾向を示そうとした。土器づくりについては、一〇〇をこえる事例にもとづいて、男女の作業参加のどあいを整理している。結果、女性による土器づくりが主流をしめることをあきらかにしている。土器製作者の性別に言及する研究を概観しても、土器は女性が製作するという見方が大勢をしめるのだが、この潮流をつくったのは、まぎれもなくマードック論文である。土器の性別分業をかたるうえで、民族誌が基礎的なデータを提供してくれる。そのことも同時に、確認されたといえるだろう。

民族誌プロパー（専門）の研究においては、より活発な議論が展開し、男女の分業を規定した要因にも考察がおよぶ。マードックによれば、農業がシンプルで粗放《そほう》なばあい、土器づくりは女性の仕事になるという。土器づくりにおける性別分業は、生業とふかいかかわりがある。そんな見解である。

東・東南アジアにおける伝統的土器づくり民族誌をあつかった研究者に考古学者・小林正史がいる。小林は、土器づくり民族誌にかんする論文をたくさん発表している気鋭《きえい》の研究者であり、この分野を牽引《けんいん》するといっても、さしつかえない。そんな小林は、専業度が高まるにつれ男性の作業参加がふえることや、より大型の土器製作や焼成は男性がになう傾向があることを指摘した。

また、染色家であり、オセアニアの民族芸術にくわしい福本繁樹によれば、同地域では男性が中心となって土器をつくる事例は内陸部に集中するという。海岸や河川といった土器流通網からはずれた内陸部では、土器は、はるばる運ばれてくる貴重品。だから、たんなる日用品以上に、珍重されたのである。そのようなコンテクストのなかで、土器づくりが男性の「社会的名誉」と結びついたのではないか？　そんな考えを、福本は示しているのだ。

このように、民族誌から提出された示唆にとむこれらの諸仮説は、性別分業をめぐる議論に有形無形の、でも確実な影響を与えているのである。

痕跡

性別分業について、直接的かつ具体的な根拠を示してくれると期待されるのは、考古資料だ。でもね、その研究は、さして進展していない。

たとえば日本考古学のフィールドにおいては、縄文土器にのこされた爪形文様の「華奢さ」や、細い女性の手しかとどかない（と推測される）細頸壺の内面にのこされた調整の痕跡から、土器のつくり手は女性であったと推定する指摘がある。しかしこれとても、定量的な分析・検証を欠き（ようするに、ちゃんと検証されていない！）、説得力にとぼしい。さらには土器と木製品・骨角器の文様がにていることから、男性が土器を製作した。そんな仮説も提示されている。

また、考古学者・都出比呂志は、土器表面にのこされた製作者の指紋にまで着目している。なんだか二時間サスペンスのようだが、指紋からは男女を識別できるといい、ならば、決定的な証拠となりえる。しかし現状では、具体的な研究蓄積はほぼなく、有力な根拠とはなっていない。

考古学者・小笠原好彦は弥生土器にみられる籾痕に着目した。小笠原によれば、農作業のありかたや銅鐸やそのほかの図像資料、さらには民族誌を援用しつつ、脱穀作業は女性によっておこなわれたという。土器に籾痕がみられることは、脱穀作業後、おなじ場所で土器製作がおこなわれたことを示す。だったら、女性が土器をつくったと推定できる。そんな論法である。

そうしたなか、都出比呂志による土器型式論からのアプローチは、とりわけ注目できる。弥生時代の土器製作者は女性であるという前提に立ちつつ、土器の地域性や斉一性は土器製作者である女性の移動を示唆すると考え、そこから、婚姻形態にまでふみこんだ意欲的な議論を展開している。もっとも重要な前提を民族誌にもとめている点には注意を要するが（私個人はおおいに賛同したいのだが）、同様の研究が進展することは、ともすれば閉塞《へいそく》しがちな現状の打開につながるのではあるまいか？

いくつかの文献資料は、土器生産における性別分業の実態に言及していて、ひじょうに有力なデータを提供してくれる。『正倉院文書』「浄清所解」によると、土師器のつくり手は女性であり、男性が粘土採掘、薪あつめ、藁の準備、製品運搬といった力仕事をうけもったという。『平城京木簡』にも「土師女」という記載がみられるとされ、土師器製作が女性にゆだねられていたことを想像させる。また『皇太神宮儀式張』には、土師器は女性が、須恵器は男性がそれぞれつくったと記録されている。さらに『長屋王邸出土木簡』における記録は、土師器生産にかかわる女性の専門工人集団の存在を示唆するという。

文字による資料には、そのものズバリ、そう書かれている。もちろん、「批判精神」は必要だが、男女の分担などという話題に、政治的あるいは経済的な思惑がからんで、「改ざん」などおこるだろうか？

素直に、そのままうけとっていいんじゃないの？　つまり、解釈がブレる余地がちいさいと思われるため、だから、おおくの論客が拠《よ》り所としてきた。しかしながら、主として八世紀以降に比定《ひてい》されるこれらの文献資料を、年代的にどこまで遡行させるかについては、判断のわかれるところであろう。それゆえに先史時代における議論にさいしては、これらの注目すべき資料への言及は限定的にならざるをえなかった。そのように、評価しないといけない。

以上みてきたように、土器づくりにおける性別分業にかんする諸議論は、民族誌におってきたところがきわめておおきいといえる。どうしても特定の時期・地域に限定されてしまう文献資料を補完し、より説得力のある仮説へと昇華させてくれるのが民族誌であり、若干の考古学的証拠がさらに参照されるというかたちで、議論はすすんできたのである。

民族誌はひとにからむからなぁ。ひとを考えたいのなら、民族誌を無視できない。民族誌は、もっともっと、重要視されるべきものであると思う。

要因

ここで、日本先史時代における土器づくりの性別分業をめぐる議論を整理し、現状を確認しておきたい。銅鐸の図像資料をふくむさまざまなデータにもとづきつつ、縄文土器・弥生土器・土師器は女性が、弥生時代の甕棺・須恵器は男性がつくったという見識を、考古学の泰斗・佐原真は示している。

土師器や須恵器については文献資料がのこっており、性別分業についての理解はほぼ確定していると考えられよう。弥生土器については、その系譜をひく土師器が女性によってつくられたと推測できるので、同様に、解釈されることがおおい。

しかしながら縄文土器となると、男性がつくったという見解もあり、ようするに、定説といえるほどの見解は、まだ、ないのである。男性による土器製作がどこまでたどりえるかについては今後の課題としてのこるものの、ただし全体としては、土器製作者は女性から男性へとじょじょにかわっていったという点では、一定の見解の一致をみているといえる。

では、なぜ、土器製作者は女性から男性へとかわっていくのだろうか？　この問題をめぐる論点をいくつかひろいあげておく。佐原真はロクロの使用や大型品の製作は体力をようするため、このような土器生産の登場にあわせて、土器製作者は男性へとうつっていったと推測した。

弥生時代中期にみられる大型で画一的な甕棺《かめかん》（甕を利用した棺《ひつぎ》）に注目した考古学者・間壁葭子は、これを土器の「商品化」ととらえ、男性による土器づくりがはじまったと想定する。

小林正史は「東南アジアの野焼きによる土器作りでは、専業度が高くなるにつれ、家族ぐるみで土器作りを行う方向に変化する」という仮説を示すとともに、交易の重要性が高まるにつれて、土器製作者は女性から男性へと変化したと考えた。

なお、かんれんする有益な視点としては、埴輪研究からの社会変化についての仮説がある。すなわち、古墳時代後期の人物埴輪において、戦闘にかんれんするいわゆる「埴輪武人像」はそのすべてが男性を表現するとされ、このことから政治・武力面での男性優位がけんちょになったという社会変化が想定されている。性別分業の規定にさいし、「戦闘」とのかんれんを想定する同様の見解はすくなくなく、注視に値する。

また、元来、女性によっておこなわれてきた初期農耕は家畜の導入によって男性主体の労働へと変化したといい、また男女による共同作業では体力に勝る男性が主体になりやすいとされる。こうした生業分業における男女の役割分担のへんせんは、土器製作者の性別規定にもおおいに作用したと考られよう。さらには、「生産基盤」、「出自規定」、「財産所有制度」、「社会の複雑さ」、「生業システム」、「人工物の機能的・象徴的意味」などに着目するべきとの主張もみうけられる。

このようみてくると、「生業分業」、「専業度」、「交易（土器流通網）」、「戦闘」、「出自規定」、「居住形態」、「社会の階層性」、「財産所有制度」といった性別分業にかかわるキーワードが浮かびあがってくるのである。

比較

じゃあ、いよいよ、じっさいにくらべてみようじゃないか（まえおきがながくて、スミマセン）。民族誌に依拠するかぎり、土器製作者は女性であることがおおい。しかし、男性による土器づくりも確実に存在している事実に目をそむけるべきではないだろう。

一般的な傾向にあてはまらないそうした「例外」にこそ、性別分業を規定する要因がひそんでいるんじゃないの？　しかも、都出比呂志が数少ない「例外」として紹介したのが、ほかならぬ、ヤミ族なのである。男性が土器をつくるヤミ族の事例は、俄然、深遠な意義をおびてくるのだ。そして、かたや、おなじ台湾原住民のアミ族は、ヤミとは対照的に、女性が土器をつくる。

こりゃあ、ウッテツケだ！　しかも。私は、幸運にも、両方をみるチャンスにめぐまれている！　ヤミとアミの事例を比較・検証すれば、土器製作者の性別を規定した要因をあぶり出すことができると考えたのである。さきほど、想定された要因を、ひとつひとつ、みていこう。

まずは、技術。

でも、どうも、土器製作の諸技術・生産様式は、性別分業と相関していないみたいだ。一般に土器づくりの専業性が高くなるにつれ女性から男性へとつくり手が変化するとされ、おそらくはそれに呼応して、製作技術も高度化・複雑化するという推定は、無理がない。しかし、台湾原住民の事例は、この仮説とは、矛盾した。

すなわち、そうじて簡単な技術（とくに焼成技術）を駆使し、素朴な生産様式をていするヤミ族の事例において、つくり手は男性である。一方で、やや複雑な様相をていするアミ族において土器製作者は女性となっており、つまりは「逆転現象」がおこってしまっている。土器製作技術や専業度は、台湾原住民の性別分業を説明してはくれないのである。

じゃあ、生業は？

生業の様式はともに半農半漁（猟）であり、女性が農耕をうけもつという点で共通している。でも、ヤミは男で、アミは女。だから、生業のやりかたが土器製作者の性別を規定したということには、なっていない。しいていえば、ヤミ族が根栽を主体とする点は、アミ族とはことなる。でも、根栽だからといって、ヤミ族において土器製が男性にゆだねられたとは考えがたい。じっさいに、根栽農耕民でも女性が土器をつくる事例はすくなくないからである(南太平洋など)。

なお既述したようにマードックは粗放な農業をおこなう社会では女性が土器をつくるという見解を示したものの、ここであつかった事例では、より粗放と思われる農業形態をていするヤミ族において、土器製作者は男性となっている。生業によって性別分業を説明するのはむずかしい。というのが、私の結論である。

では、流通なんか、どうだろう?

土器流通網の存在が専業性を高めたという推測はうけ入れやすく、このことによって土器製作者が男性へとシフトしえたとの想像は、まあ、納得はできます。こうした土器流通網はヤミ族では存在しないようだが、アミ族では内陸部において存在したらしい。後者アミ族では、土器流通網の形成にともなって、専業性を高めつつも、でも、製作者は女性のまま。だから、流通網があっても、つくり手の性別が女性から男性へと変更させられるというわけではないようだ。

なおかんれんする視点として、土器の商品化にともなって製作者が男性になったという仮説があることは、すでにのべたとおり。しかし、土器がレッキとした商品になっているアミ族では女性がつくり、おもに日常品をつくるヤミ族において、土器製作者は男性になっている。よって、すくなくとも、アミ族・ヤミ族にかんして、流通からの説明はなり立たぬ。

戦闘の有無が、土器製作者の性別を規定するというアイディアは、とても面白いと思う。なぜなら、たとえばアミ族は、村落防衛のために、「男子年齢階梯組織」を発達させた。結果、男性は狩猟と戦闘に専念し、女性が家事全般をうけもつなかで、女性による土器づくりが定着したという仮説は理解しやすいからである。でも、アミ族がそうした自衛体制をととのえたのは、アタヤル族による襲撃の危険にさらされたことが原因とされ、ならば一八世紀中葉以降のこととなる。そこまで、アミの土器づくりはあたらしくはないはずだ。さらには、孤立した環境ゆえに、戦闘とは比較的無縁でいられたはずの豊浜村に住まうアミ族において、土器製作者が女性であることは、戦闘を基準とする仮説とは齟齬をきたしてしまうんです、思いっきり。よって、戦闘の有無が、土器製作者の性別を決定したとは、結論づけがたいのである。

一方で、出自規定について。

双系のヤミ族で男性が、母系のアミ族で女性が、それぞれ土器をつくっている。だから、アミ族では、出自規定と土器製作者の性が一致したと、いえなくもない。ならば、母系社会であれば女性が土器をつくるかというと、一概にそうともいい切れないのが苦しいところ。そもそも母系社会は父系社会の一割程度にとどまるとされ、民族誌の状況（女性が土器をつくる事例がおおい）とは完全に食いちがってしまう。社会変化にともなって、出自形態もかわったという可能性も、あるっちゃ、ある。でも、個々の社会における出自規定のへんせんを詳細に把握するのは至難のわざ。というか、不可能。出自規定の情報をもって、土器製作の性別分業を説明することは困難である。現状では、そのように、考えざるをえないのだろう。

財産所有の形態も、ヤミ族とアミ族では、対照的である。

基本的に水田等の財産を男性が所有するヤミ族にたいして、アミ族では女性による財産の相続が一般的であったようだ。アミが母系だとするなら、まあ、そうだったんでしょう。台湾原住民の事例において、粘土採掘権は、それほど、げんみつではないようだが、それでもヤミ族で私が観察した事例では、採掘者はみずからが所有する土地（水イモ棚田）から粘土をえていた。土地所有者（相続者）が男性であれば男性が、女性であれば女性が、それぞれ土器づくりに従事する。というのは自然ななりゆきではあるまいか？　性別分業を規定する説明要因の候補として、土地所有制度を排除するのは、賢明とはいえまい。

内因

ここで、私が注目したいと思うのが、居住形態ならびに家族形態である。

夫方居住婚のおおいヤミ族では核家族が基本的な形態になる。一方で、アミ族では妻方居住にともなう「拡大家族」（複合家族）がみとめられる。ことに、核家族であるか複合家族であるかは、性別分業におおきく作用した可能性があると思いませんか？　つまり、核家族であるヤミ族のばあ

あつまって土器をつくる女たち
（豊浜村・アミ族）

い、一組の夫婦で、生業全般を分担する。

　で、土器は日常品として、必要なぶんだけ、つくれば、それでよい。男でも女でも、どっちでもいいけど……。あ、そうそう、漁閑期だったら、男たちはヒマなんじゃない？　その時間を利用してつくるんで、十分足りるわよね？　という塩梅《あんばい》で、土器づくりは男性にわりふられたのではなかったか。

　では、アミ族は？　複合家族を形成するアミ族では、母屋の運営は女性陣にゆだねられ、男性は対外的な活動に専念する。このような分業システムにおいて、母屋内あるいはそのちかくでおこなわれる土器づくりが、女性のうけもちとなったという想定は無理がない。

　さらにアミ族は、母屋を中心とする空間は女性の領域、その外部は男性の領域という独特の空間認識をつちかってもいる。土器づくりなどは、母屋のそばで実施されただろう。まさに、女性の独擅場たる領域での作業を女性がになう。それはごくごく、自然なことだったといえる。

これにたいし、核家族を単位として生業にとり組むヤミ族では、アミ族のような、性による明確な空間区別は存在しなかったようだ。だから、ヤミ族では、空間区分という要因が性別分業のわりふりに作用することはなかった。そもそもないのだから、影響のしようもない。すくなくとも、男性による土器づくりを阻害するファクターを一つ、ヤミ族は欠いていたのである。

なお、社会の階層性も、ヤミ族とアミ族でおおきなちがいをみせた。社会の階層性が発達するのにともない、土器のつくり手が女性から男性へと変化したと想定すると、台湾民族誌はこれに符合しない。権力あるいは権威の集中がみられないというヤミ族において男性が、「首長制」を発達させたアミ族において女性が、それぞれ土器づくりをになっているのだから。だから、社会の階層性から性別分業を説明することは、むずかしい。さしあたって、そう、考えておくべきなのである。

以上、土器づくりにおける性別分業を考えるうえで重要と思われる項目について、台湾原住民、ヤミ族とアミ族をみくらべてきた。結果、居住形態や家族形態（核家族か複合家族か）という視点が有効であるというみとおしがえられ、さらには土地所有制度や空間認識といった観点も有望と考えられた。蘭嶼・ヤミ族のばあい、きわめて特殊な地理的・文化的・歴史的背景のもと、核家族を基本的な単位とする社会が構築され、独自の世界観・価値観がつちかわれた。そんな環境のなかで、土器製作は男性の担当するところとなったのであろう。

一方で、これまで性別分業を規定したと考えられてきた出自規定、戦闘、製作技術（専業性）、土器流通網といった観点からの説明は、すくなくとも台湾原住民を参照するかぎりにおいては、なり立ちにくいとしれる。台湾民族誌において確認されたこのような状況は、他地域にてらすと、どうであろうか？　最終判断は、より広範な検討にこそ、ゆだねられるべきであろう。今度、あらためて、挑戦してみたいと思う。

なお蛇足となるが、右の検討によってえられたみとおしは、私の想定をおおきく裏切るものであった。なぜか？　なぜなら、具体的な検討をすすめるまえは、より外的な要因（土器流通網や戦闘など）が有効な説明になると、ばくぜんと思いこんでいたからである。でも、結果的には、土器製作における性別分業はむしろ内的な要因と高い相関を示した。しかもそれは専業度や製作諸技術といった具体的・技術的な要因ではなく、家族形態や空間認識といった当該社会・文化の「根っこ」にかかわるような本質的な要因こそが有益な視座と確認されたのである。

そしてこのことから、土器づくりにおける性別分業のありかたは、その技術をゆうする集団の社会的特性を反映していると想像されるであろう。性別分業を追究することは、その社会の本質にせまりえるアプローチとなる。そんなことを、あらためて、痛感したしだいである。

観点

性別分業、ひいては、社会・地域・家族におけるジェンダー・バランスを左右するものはどうも、ひとの心のうちにひそんでいるようだ。価値観というか、世界観というか、どうも、そういうものに目をむける必要がありそうだ。そこで私が連想したのが、地理学者・鈴木秀夫の『森林の思考・砂漠の思考』（NHKブックス）だった。鈴木は気候学を専門とする地理学者でありながら、その研究は風土論や宗教にもおよび、すぐれた文明論をものにしたことで名高い。

鈴木によれば、「人間の考え方にとって、もっともおおきな問題のひとつは、私とは一体、なんなのだろうかということ」、なんだとか。そして、「私とはなにか、という問いは、世界とはなにかという問いになる」とする。そのばあいの世界とは、世界をどうみるかという「世界観」だととらえるのだ。なるほど、「すべての人がそれぞれの世界観を、おおくのばあい、無意識に持って」いると考えるのはよくわかるし、「その無意識の世界観に支配されて、人びとの日常生活が規定されている」という見解も卓見だと思う。

そのような世界観について、風土や歴史の観点から追究した鈴木は、『風土の構造』（講談社学術文庫）というべつの著作で、「気候と人間の関係を論じるさいに、その中間項としての生産関係があり、人間は、それを通して気候とかかわりあっているから、その中間項があきらかにならなければ、気候と人間の関係をみとめるわけにはいかない」とつづっている。

気候と風土をめぐるさまざまな議論は、和辻哲郎の『風土』を嚆矢《こうし》とする（このことはいみじくも、鈴木自身が指摘している）。爾来《じらい》、連綿《れんめん》とつみかさねられてきた。それは、それこそ、枚挙《まいきょ》に暇《いとま》がないほどで、アジア文化論や日本文化論をあつかった書籍の大抵は、大なり小なり、おなじことをくり返しているにすぎない（などと放言すると、怒られちゃうかな?·）。

そして、アジアについて、風土の観点から、おおまかな東西の対比を念頭におきつつ、そのうえで諸文化を評価し、ひいては日本文化をかたった言説のいくつかは、おおきな反響をもってむかえられ、広く人口に膾炙《かいしゃ》した。みなが、しるところとなった。それは、たしかだ。世界観の希求が、ごく根源的なものである証左といえよう。しかし一方で、そのような知見は、「共通認識」にまでには、なっていない。それも、たしかだ。やっぱり、鈴木が警鐘《けいしょう》を鳴《な》らしたように、「中間項」の検討が不足してきたことが、否めないのだろう。なんらかの「中間項」を見出しつつ、アジアを俯瞰し、風土と人間の関係を考えてみる。そんなアプローチがあればいいなあ。と、つよく、つよく期待してしまうのだ。

では、「中間項」って、なんだろう?

もちろん、さまざまな「中間項」をわれわれは見出しえるわけだけれど、それを土器製作の技術、ならびに、それをささえる職人組織のありかたにもとめたい。私はそう、思うのだ。

いまなお伝統的な手法で土器を製作している民族誌をみればみるほど、陶工は風土と緊密な関係を切り結びつつ、一方で伝統を墨守し、他方で革新にもふみこんでいるのがわかる。外来の技術を導入するさいにも、環境の桎梏《しっこく》から陶工が解き放たれるなんて、ありえない。身近な素材に依拠し、入手できる燃料をもちい、工夫を凝らし、特定の環境（温度や湿度といった気候条件）のもと、陶工は土器を焼きあげるのだから。

このような土器づくりはまさしく、風土と人間の関係を説明する資格をそなえた、かっこうの「中間項」なんじゃあ、あるまいか? くわえて、かくも環境とわかちがたく結びついた技術を駆使するのは、人間。技術や製品にのみ目をうばわれるのではなく、その技術を運用する陶工たちにこそ、目をむけねばならぬ。

彼ら/彼女らの価値観や、生産過程における人間関係（職人組織）にだって、留意する。そのような視点をみうしなわなければ、土器づくり民族誌は「気候と人間の関係」を雄弁に物語る指標となりえ、「中間項」としての必要条件をも満たしてくれる。そんな方向ですこし、考えをすすめてみる。

戦略

かぎられた紙幅ではあるけれど、土器づくり民族誌の観点から、広くアジアを鳥瞰《ちょうかん》してみよう。でも、当のアジアはいたって複雑で、あまりにぼんやりとしている。そもそも、「日本文化」ですら、一元的ではなく、多元的。そう考えるのは、もはや一般的な共通認識である。

研究対象とする地域や文化集団を接視すればするほど、複雑な様相が彫塑《ちょうそ》されるのは、ある意味、自然な必然。だからこそ、全体像を一望するために、俯瞰するのだ。で、俯瞰をつらぬくばあい、中国やインドを広大無辺のアジアにおける「二つの中核」と見做さざるをえない。でもそのような視座は、痛烈な批判にさらされるだろうし、じっさいに、さらされてもいる。でもね、だからといって、個別事象の詳細をあえて捨象《しゃしょう》し、巨視的《きょしてき》な視座を意識的に選択するようなアプローチを等閑視《とうかんし》するべきではあるまい。と、思うのです。

マクロなアプローチが実践された好例として、柄谷行人の言説を、以下に紹介したいと思う（『世界史の構造』（岩波書店）、『帝国の構造：中心・周辺・亜周辺』（青土社））。柄谷行人は、哲学者・思想家としてしられ、日本を代表する評論家でもある。全国紙でその名をみたことのあるひとも、おおいだろう。その道の、とんでもない、有名人だと思う。

柄谷によれば、「世界＝帝国」というシステムにおいて、それと隣接する「周辺部」は「中核」によって征服され、吸収される傾向がつよい。ぎゃくに、「周辺」が「中核」を征服することもあり、結果として両者が同化するばあいもあるという。しかし、そのさらに外側に位する「亜周辺」は、「中核」を選択的にうけ入れることができる地域であって、「周辺」とは峻別《しゅんべつ》される。もちろん、「世界＝経済」が卓越する現在、中核／周辺／亜周辺の構造がおおいに変質し、また刻一刻と変質しつつあることは論をまたない。しかしながら、広大なアジアを、中核／周辺／亜周辺という巨視的なわくぐみにもとづいて、整理しようとする視座が無謀とはいい切れまい。

私は柄谷の示したアジア観を盲目的にうけ入れているわけではないが、氏のごとき俯瞰的な視座をもちつつ、広大なアジアにふみこもうとする意欲的な試みを切りすててしまうことに、つよい躊躇《ちゅうちょ》をおぼえるのだ。恐怖すら、感じてしまう。俯瞰する有効性を検証する意図もこめて、以下の文章を書くにいたったことを明記しておきたい。

また、土器の生産様式を俯瞰する前提として、その製作技術を確認しておかなければならない。まあ、私は私のみてきたことによりそうしかない。重複する部分もあって、読み苦しいかもしれないが、おつきあいいただこう。

ささやかながら、アジアの複数の場所で、土器づくり民族誌調査に従事した私の脳裏にまっさきに浮かぶのは、エジプトと台湾のけんちょな対比である。土器生産をめぐる諸技術を概観しつつ、第一歩として、東西アジアの対比を確認しておきたいと思う。

土器をつくるうえで、まず着手されるのは、素地となる粘土の準備である。粘土は比較的近傍で入手されることがおおい。台湾蘭嶼ヤミ族ではかつて、徒歩一時間ほど山中をわけ入って粘土を採取していたというが、棚田の畔《あぜ》の粘土を活用する事例が、めだつ。このように、畑や水田に由来する、身近な材料に依拠するケースがほとんどで、エジプトも台湾も状況はおおむねにかよっていよう。これを、たとえばエジプトでは水簸《すいひ》（粘土を水槽に入れて、肌理《きめ》をそろえること）の工程をはさむものの、そうじて、手作業で混錬し、陶土とする。ただし、インドネシアでは専用の混錬機（粉砕機）を活用する事例もみうけられ、独自の展開をみせることもある。

つづいて成形の作業となるが、エジプトでは蹴ロクロへの傾斜がいちじるしい。蹴ロクロばっかり、つかう。エジプトにおける、このような蹴ロクロへのきょくたんな依存は、台湾とは鮮明な対照をなす。すなわち、台湾では、内側にあて具としての丸石をかまえ、外側から羽子板状の叩き板で叩きのばして、器形をしあげていく技術が卓越する。利便上、作業用の木皿（ヤミ族）や「工作台」（アミ族）が活用されることがあるものの、水挽きを可能にするほどの回転力をえられるロクロの使用は、台湾ではみとめられなかった。成形技術におけるエジプトと台湾の懸隔は、否定するべくもない。

成形技術にみられた東西の対比は、焼成技術にもあらわれている。エジプトでは、昇焔式窯という専用の施設をもちい、土器焼成にのぞむ。昇焔式窯とは作品を設置する焼成室と燃料を燃やす燃焼室を上下に配した形式の窯であることは、すでに、ふれた。いわば二階建ての構造をていし、下の燃焼室で燃やした燃料の炎が上昇し、その火力によって、うえの焼成室におかれた土器を焼きあげるというものである。燃焼室と焼成室は、ロストル（火格子）によってわけへだてられ、これにより、燃料と土器がせっすることで発生する黒斑を大幅に抑制する効果が期待できる。さらに焼成実験にもとづいた近年の研究では、二室構造の窯こそが制御《せいぎょ》可能であると指摘されてもいる。つまり、昇焔式窯を利用するエジプトの陶工は、より主体的・意図的に焼成をコントロールしたかった。そう考えるのが筋だ。

かたや、台湾。土器づくりにかぎっては、昇焔式窯の利用は皆無とみなしてよい。台湾民族誌において観察しえるのはいわゆる野焼きであって、被覆材のない開放型の野焼き（ヤミ族）と籾殻を覆いかぶせた覆い焼き（アミ族）の二種がある。ともに土器と燃料が直接ふれる焼成環境となり、とりわけ覆い焼きでは、明瞭な黒斑の発生を抑制することがむずかしい。しかしながら、長時間におよぶアミ族の籾殻覆い焼きは、「熱履歴」の観点からみれば、エジプトの昇焔式窯と遜色のない焼成を達成していると評価されるのである。

にもかかわらず、とりわけ覆い焼きなどは、点火後、焼成をコントロールできる余地は、ほぼ、ない。途中で覆いをとりはずすわけにもいかず、そしてじっさいに私がみたアミ族の覆い焼きでは、陶工は点火後、そりゃあ、しばらくは焼成をながめているが、ころあいをみて、サッサと帰宅してしまった！　翌朝、起床して焼き場に戻ってくるまでは、完全に、ホッタラカシ。丁寧に準備し、十分な経験に裏づけられているとはいえ、焼成の結果について、そりゃあ、あんまりにも、無頓着《むとんちゃく》ではないか！

昇焔式窯を利用して、焼成をコントロールしようと右往左往《うおうさおう》、苦心惨憺《くしんさんたん》するエジプトの陶工とは、どこまでも、ちがう。ちがうといったら、ちがうのだ。

そして、さらに、右のことからは、つぎのような東西の対比が、あざやかに描出できるだろう。すなわち、東西のいかんにかかわらず、土器焼成のスタートは野焼きであったと考えておくのが無難だ。野焼きをどのように改良・改変して、つぎのステージにすすんだのか？　ソコがミソ。で、どうだろうか？　野焼きという前提に、いち早く昇焔式窯を導入したのが、エジプトであって、西なのだ。

たいして、東。東の台湾では、野焼き技術を改良し、覆い焼きへとすすんだ。換言すれば、西が「革新」であるのにたいして、東は「改良」であったと評することもできよう。いわば、西は「飛躍」、東は「継続」であって、内容的には正反対、根本的に異質だ。液体でたとえるなら、おなじ液体でも、水と油ほども、かけはなれているのである（拙稿「窯焼きと覆い焼き：熱履歴に着目した土器焼成技術の比較民族誌」『西アジア考古学』第一六号、一―一一頁）。

ところで、開放的な野焼きに被覆材をかぶせた覆い焼きを野焼きにふくめ、「開放型」と「覆い型」に区分するのが一般的であるが、ときとして覆い焼きが昇焰式窯焼成にも匹敵し、これを凌駕することさえある事実を見逃すべきではない。窯焼成と覆い焼きは対等に評価されるべきものであり、だったら、焼成技術について、昇焰式窯と覆い焼きという二つの選択肢が、陶工には提示されているとみるべきだ。そのさい、どちらを選ぶのか？　コレって、とても重要なんじゃないの？その選択のねらいをあきらかにすることが、東西アジアの対比を正しく評価するうえで、重要となってくる。私には、そう思えてならないのだ。

なお、昇焰式窯が西アジアにふるくからみとめられるのは夙《つと》にしられている。そして同様の昇焰式窯は、今日の中東地域、エジプトからアフガニスタンにかけて広くみとめられるという。ならば、エジプトをふくめた西アジア＝中東地域は、おなじ技術的基盤を共有している。そう解しても、深刻な齟齬はあるまい。乾燥アジアは昇焰式窯にいちじるしく傾斜しているのだ。

たいして、台湾を特徴づける覆い焼きの技術伝統は、稲作文化圏全域に通底するものである。覆い焼きを保持した湿潤アジアと昇焰式窯に依拠した乾燥アジアの対比は、誰がみたって、あまりに鮮明。そしてこのような対比は、ソックリ、ソノママ、乾燥アジアと湿潤アジアの相克と読みかえることができよう。そう換言するのは一定以上の蓋然性をおびていると思う。すくなくとも、完全なる的はずれということはないでしょう。

そしてここに、成形技術として前者・乾燥に「蹴ロクロ」、後者・湿潤に「叩き」がそれぞれ組みあわされ、対比は一層強調されるだろう。乾燥アジアと湿潤アジアは、それぞれで選択された技術のちがいで、はっきりと峻別できるのだ。

自立

東西アジアにおける明瞭な懸隔をふまえつつ、生産様式の検討にすすんでみよう。

私は、エジプトにおいて一七の窯場をたずね、みすごせない事例を見出した。カイロ以北の下エジプト・デルタ地帯に位置するいくつかの窯場では、作業小屋に焼成窯および水簸施設が附設する、比較的小規模の土器工房が数十、軒をつらねている。それぞれの工房は家族単位で切りもりされることがおおい。

陶工の家に生まれた男子は、幼少のころから父親の作陶を手伝い、みようみまねで技術を習得する。長じれば、結婚を機に、じぶん専用の工房を築き、独立するんだとか。よって、作業小屋・焼成窯・水簸施設という生産単位が、あまた現出し、結果として、窯場には煙突状の焼成窯が林立することとなる。

また、老境に差しかかったとはいえ、父親が健在で、陶工の仕事を継続しているケースもある。しかし、父と息子が共同で土器をつくることはない。たとえ親子関係にあっても、ですよ？ べつに父と息子が不仲なのでは、ありません。個々の陶工の経済的自立が、とても高く保たれているのである。エジプトのデルタの窯場をたずねれば、いやがおうにも、そんな印象をもたざるをえぬ。

なお以上とはべつに、ロクロや窯を複数所有し、やや規模のおおきな工房をかまえ、出自を異にする男性陶工があつまって土器を生産する事例だって、エジプトにはある。男性陶工があつまって、一定の作業分担体制を敷きつつ、大規模な生産にあたっている事例が、上エジプト・ナイル河谷にいくつかみとめられたことは特筆されるべきであろう。

すなわち、下エジプト・デルタ地帯では、おおくの工房があつまりながらも、個々の工房のあいだの共同作業はおこなわれず、工房の経済的自立はそこなわれない。

かたや、上エジプト・ナイル河谷では複数の陶工があつまった集約的な生産様式が確認され、工房の垣根はとりはらわれた感じ？ この印象が正しいとすれば、やっぱり、ちいさな生産単位が密集した「集合工房」がさきにあった。そのなかから、プロフェッショナルのつどう、より専業性の高い「共同工房」が、つぎの段階として登場した。そんなプロセスが想像されるのである。

興味をひかれるのは、女性の存在がじょじょに希薄になっていくこと。「集合工房」ですら、その主体は男性であるが、家族経営である以上、作業を手伝う女性のすがたも、ちらほらみえる。でも、「共同工房」ともなれば、キホン、女性のすがたは皆無。むくつけき野郎どもが、運動部の夏合宿のようなノリで、修行僧のような禁欲生活に没頭するのである。工芸が発達（あるいは、変化というべきかもしれない）する過程で、どうも、女性は居場所をうしなってしまう。エジプトの事例は、そう、われわれに教えてくれているのである。

とまれ、エジプトにおいては、個々の工房の経済的自立が突出し、陶工間あるいは工房間の共同作業がけんちょではないのがつねである。作業分担体制をともなう集約的な土器生産もすくなくないが、個々の工房の独立性はしっかりと保たれているんだから、個を尊重する感性が喚起されるのは当然だ。となれば、こうした感性はどこまで敷衍《ふえん》させることができるのかという疑問が生じる。

そしてすでに言及したように、エジプトにおける昇焔式窯の伝統は乾燥アジアに通底し、この事実は、土器づくりのおなじ技術的基盤を乾燥アジアが共有したことを示唆するであろう。もちろん今後とも、アジア観の構築に資《し》する新規情報の収集を放棄するつもりは毛頭ないが、個々の工房の独立性が保持される傾向を乾燥アジアの特徴の一つと見做しておくことが飛躍のしすぎであるとは、私は考えない。

たとえば、エジプトのダクラ・オアシスでは、男性陶工が複数あつまって、一つのおおきな工房を形成する。ただし、ロクロはおおむね一人一基がわりあてられ、さらに土器を焼くための昇焔式窯も陶工の人数分が築窯されている。男性陶工があつまって、高い専業性を達成しつつも、陶工個人の独立性は守られる傾向がつよい。陶工の独立性は、乾燥アジアにおいて、しっかりと根をはっているようなのだ。

協業

さて、乾燥アジアにおいて、個々の陶工・工房の独立性が高く保たれているのは、よーく、わかった。じゃあ、湿潤アジアではいかなる状況が見出されるだろう? 湿潤アジアにおいても、同様の民族誌情報から、生産様式にかんする事例をピックアップしてみよう。

世界的にも稀有《けう》な世帯内生産にもとづく生産体制を継承していた台湾蘭嶼・ヤミ族では、各世帯の男性がそれぞれ個別に土器をつくっていた。こうした土器づくりのありかたは、夫方居住婚にもとづく核家族を基本とする彼らの居住・家族形態につよく規定されたことは、想像にかたくない。とはいうものの、焼成にかんしては、複数の世帯が共同で実施することもあったとの報告もある。独特の居住・家族形態を反映して個々の生産単位は独立しているが、共同作業が完全に排除されているわけではないのであって、乾燥アジアとの差異をかぎわけるのはむずかしくない。

たいして、おなじく台湾原住民である豊浜村・アミ族では、女性が土器をつくる。粘土採掘・素地調整から焼成にいたるほぼすべての工程で、複数の陶工による共同作陶がみとめられた。「工作台」と叩き板を駆使して実施される成形の工程も、共同でおこなわれるのがつねである。民族誌情報にもとづけば、二~八名の女性陶工がグループをつくって、作陶に従事したようだ。個別作業に依拠する生産は想定されておらず、あくまで共同作業をむねとし、よって、乾燥アジアとの差異は明白である。

おなじ湿潤アジアに位するインドネシアでは、生産様式の二つのことなった側面を、私はみた。すなわち、ジャワ島西部・ブミジャヤでは、叩き・手回しロクロ・「斜めロクロ」・プレス機など多様な技術に依拠しつつ、土器を成形する。住居のあきスペースを活用して成形作業にいそしむことがおおいため、定型的な工房を見出すのはむずかしいものの、ひとりひとりの陶工は個々べつべつに作陶に精を出し、この点ではごくごく乾燥アジア的といえる。

独特の「斜めロクロ」
（ジャワ・ブミジャヤ）

しかしながら、土器を焼成するさいには、幾名かの陶工が作品をもちよって、共同で焼成をおこなう。ただし、ブミジャヤでは乾燥アジアに卓越する昇焔式窯による焼成方法もしられるが、右のような共同焼成は覆い焼きにかぎられる。昇焔式窯を採用する工房は、カラワンやプレレッドというジャワ島西部のべつの窯場でもみられたが（カラワンやプレレッドでは窯焼成が一般的で、覆い焼きの技術はのこされていない）、これらの窯場では複数の男性陶工があつまった工房がみうけられ、そうじて専業性は高そうだ。高い専業性については、こうした工房において、叩き技法ではなく手回しロクロによる成形が選択されていることからも、うかがえるだろう。

民族誌を参照するかぎり、インドネシアでは焼成の基層技術は覆い焼きである。覆い焼きに「焼台」や「煉瓦による囲い」という改良が付与され、さらに「煉瓦による囲い」が窯壁へと発展することで、昇焔式窯への変容を完遂したと判断してよい。

したがって、インドネシアにおける焼成技術の基層には覆い焼きがあって、それは長軸六メートルにもおよぶ規模で実施される。つまり膨大な数の土器を一度に焼くのであるが、おおくの土器を一人の陶工が準備するのは現実的ではあるまい。乾燥までをすませた未焼成土器を、複数の陶工がもちよって焼成するのが常態となり、共同焼成という様式が招来されるのは必然だ。

かような理解に立てば、個別に実施される成形作業にフォーカスして、乾燥アジアとの類似を強調するのは適切ではない。共同作業に依拠する生産様式を色濃く保持しているのがインドネシアの状況であり、それは覆い焼きによる共同焼成という慣行にふずいした可能性がある。そしてなによりも、共同焼成の伝統がのこされた点において、乾燥アジアとの差異は無視できまい。共同作業が温存される生産様式こそが、湿潤アジアにおける土器づくりの本質である。私はいま、そのように理解している。

東西、あるいは湿潤／乾燥のちがいはどこに起因するのだろう？

ソリャア、ヤッパリ、環境なんだと思う。すでに前著にも書いたことだから、くり返しのはんざつはさけたいと思うが、ズバリ、キッパリ、環境なのだ。というのも、乾燥地域の主要作物は、湿気との関係上、どうしたって、麦。で、この麦、とってもスグレモノなんだけれど、単体では必須アミノ酸を摂取しきれないんだとか。あわせて、動物性たんぱく質を摂《と》らなければならないという見解があるのは、すでに紹介したとおり。だから、乾燥地域にくらすひとには、交易が必須となる。そんなそとむきのライフスタイルのなかで、結果として個人の自主自立の気風が醸成されたとしたって、おどろくにあたるまい。でしょ？

くわえて、麦は粉に挽いて、焼いて食べるのだが、この粉にするという作業、ナカナカ、ドーシテ、ヤッカイなんだとか。家庭では手におえず、専門のパン職人にお願いすることになる。そして、パンは保存もきくから、ますます、パン屋の登場がうながされるのである。村のパン屋にみんなが買いに行くんだから、やっぱり、交易的。どうしても、そうなるしかないのだ。食料・物資のやりとりを基調とする社会は、全体としてはもちろん協働なんだけれど、そのなかで、個人主義がガッツリと根づいていく。乾燥地域とは、そんな定めにあるのだ。

かたや、湿潤地域。ここは、稲の世界。で、この稲、麦よりも必須アミノ酸にとんでいるんだとか。あとは少々の植物性タンパク質を摂取すれば事足りる。だから、ひとは、村落に引籠ることだって、可能だ。そりゃあ、もちろん、村外との交流も皆無ではなかったでしょう。祭りとか？でも、それは交易とは別次元。ともすれば閉鎖的な環境で、いつもの顔馴染《なじ》みとのやりとりが基本となる。ならば、個人主義の「鎧《よろい》」で身を守る必然性など、あまりないのである。むしろ、個人の損得は胸にしまい、協調や調和を第一に考えるのが習い性になるだろう。そんな環境にあれば、土器だって、「みんなでつくりましょう♪」、となるだろう。なって、あたりまえなのだ。

かような協調原理はそもそも、個人主義が通底する乾燥地域には馴染まない。馴染まないったら、馴染まないのだ。だって、他人の顔色ばかりをうかがっていては、商売あがったりなのだから。そう、個人主義を美徳とするのか、集団主義に重きをおくのか、環境によっておおきくちがってくる。私はこのことに、土器づくりから気づいたのだが、でも、ほかのいろんな事柄にも応用できる。そんな気がする。気がするんですが、いかがだろう？

で、だ。

このような乾燥と湿潤の、いわば戦略の相違については、じつはおなじように考えている論客がおおいのだ。アジア文化論の嚆矢といえば、和辻哲郎である。和辻は広大なユーラシアに「モンスーン」、「砂漠」、「牧場」という三つの類型を見出したが、「モンスーン」は湿潤アジアと、「砂漠」は乾燥アジアと、それぞれ読みかえることがおおむね可能である（「牧場」はヨーロッパを指しているので、ここでは割愛《かつあい》する）。そして、「砂漠」における人間の構造は対抗的・戦闘的であるという。乾燥アジアの厳しい環境のなかでは、座して待つことは死に直結するからだ。で、ここに、個人主義の萌芽をかぎわけることは、それほど的はずれではないと思う。一方、「モンスーン」では、たえがたい湿気の猛威をまえに、人間は受容的・忍従的になるという。受容的・忍従的な気風には、他者に配慮する集団主義こそがふさわしいのであって、本書の結論と矛盾しない。

和辻の見解はあまりに牧歌的な環境決定論であるとして痛烈な批判をあびることとなった。が、批判の急先鋒であった梅棹忠夫だって、乾燥アジアの攻撃性をなかば直観的に看破している。考えかたの根本は、さしてちがわないのだ。「モンスーン」にくらすひかえ目な日本人と押し出しのつよい「砂漠」のアラブ人のちがいは、一歩、海外にふみ出せば、皮膚感覚として諒解されることがおおいだろう。鈴木秀夫は和辻の慧眼《けいがん》を「直観」と評し、直観はときとして、客観的な論証を凌駕しえると主張する。和辻の直観に抜本的な修正をせまる民族誌事例は、めずらしいのではないだろうか？　すくなくとも、私はそうぐうした経験がない。和辻の直観は客観的な論証を凌駕していると考えたい。

継承

和辻につづくのが、東洋史家・松田壽男の「三風土帯説」であると思う。おもにシルクロードにかんれんする業績をのこした松田は、広大なアジアを、「乾燥アジア」、「湿潤アジア」、「亜湿潤アジア」に区分する（二一頁の図を参照のこと）。和辻ほどに湿潤アジアの受容性・忍従性や乾燥アジアの対抗性・戦闘性が強調されることはないが、両学説の相似は随所《ずいしょ》にみうけられる。たとえば、「オアシス世界（つまり乾燥アジア、筆者註）のクサビが華北に強く接触」したという記述がある。乾燥アジアの対抗性・戦闘性を、湿潤アジアにふかく突きさきるクサビにたとえるのである。ふかく突きささってくるものに、受容性・忍従性などというレッテルをはるなんて無理でしょ？

また、湿潤アジアについては、インドにかんする以下の言及から、松田の考えにせまることができる。すなわち、松田は「水田社会の定着性・固定性」を強調する。当初、乾燥地域であるインダス川に進出した印欧語族は、やがて湿潤なガンジス川へも展開した。しかし、「タンボに足を踏み入れたら抜けない」。乾燥アジアは、もちまえの対抗性・戦闘性をぞんぶんに発揮して、湿潤アジアへの侵入をやすやすとはたしたが、湿潤アジアは唯々諾々《いいだくだく》とこれに飲みこまれてしまうのではなかった。

現在、インドはヒンドゥー世界であるが、ヒンドゥー文化が固定化するのは、ガンジス進出以後とされる。湿潤アジアの基層文化は強固に残存し、乾燥アジアの文化要素も飲みこみながら、ヒンドゥー文化が確立したのである。つまり、湿潤アジアは受容・忍従に終始するばかりではないのだ。乾燥アジアからの強烈なプレッシャーを冷静にうけとめ、そのうえで、柔軟な対応もできる。そうした主体性を湿潤アジアのうちに見出した慧眼は、松田の筆頭功績にあげられてもおかしくないと思う。

アジア文化論の見地からは、松本健一の研究にも注目するべきである。松本が「乾燥アジア」を「砂の文明」、「湿潤アジア」を「泥の文明」と表現したことはすでにのべた。「砂の文明」では「国境を縦横無尽に超えていく」「ネットワークする力」が真骨頂とされ、この見解が和辻以来くり返し想定されてきた乾燥アジアの対抗性・攻撃性とたいへんよく符合することは、特筆されるべきであろう。たいして、「泥の文明」では豊かな自然の恵みを効率的に享受するために、経験則こそが尊ばれ、「内に蓄積する力」が涵養されるとした。「内に蓄積する力」とはまさに受容性の発露であって、湿潤アジアの特徴にピタリと一致する。ここにいたってもなお、和辻以来の古典的アジア観は、深刻な齟齬をきたしていない。否、ビクともしていないのであって、おどろくほかはない。

たしかに、和辻のアジア観は直観の賜物であったかもしれないが、それでも、和辻学説を完全に否定するのはとてもむずかしいのである。ここにパンとご飯から描出した東西の対比をふまえれば、既往のアジア観に奥行きと立体感を付与することができよう。すなわち、苛烈な乾燥アジアでは人間集団が完全な孤高を保って存続することはむずかしい。交易をすることが必須であり、苛烈な対人交渉を余儀なくされ、結果、攻撃的な気性が醸成されるのである。

他方、湿潤アジアでは、自給自足可能な小宇宙の形成がけんちょで、交易活動はかならずしも必須ではない。構成員が入れかわることのすくない閉鎖的農村社会では、他者への配慮や共同体の調和こそが重んじられる。それはときとして、受容性・忍従性となって表出する。そして、家庭で飯を炊き、そのための土器をつくる湿潤アジアでは、閉鎖的で固定的な共同体の調和をみだすことなく、共同で生産にあたるのが習い性となるのだ。一方、乾燥アジアでは状況はことなる。交易をむねとする乾燥アジアでは、交易品としての生産活動こそがメインであって、結果として、職人の独立性がつよく志向される。かような戦略が、乾燥アジアにおいては顕在化していくのである。

乾燥しているか湿潤であるかという気候・風土の相違が、人間関係のパターンを塑形し、そのパターンのはんちゅうで、それぞれ独自の生産様式が醸成されていくが、それは人間関係の構築とも相似しよう。否、同義ともいえよう。かくて、土器という物質文化に着目し、人間関係の縮図ともいうべき生産様式を検証するならば、既往のアジア観は色あせることなく、むしろ輝きをます。その光明はアジアの基本構造をも、クッキリとてらし出すのである。

稲麦

などということを、つらつらと考えているとき、本屋で、『食の人類史』（佐藤洋一郎、中公新書）という本を目にした。ひさしぶりに本屋でときめいてしまった私は、もちろん、躊躇なく、購入した。と、ことさらにいうほど大仰な値段でもありませんでしたが、でも、内容は破格、私にとってはプライス・レスであった。

さきに紹介したアミノ酸云々《うんぬん》は、当該書籍には、あまり登場しない。研究者の数だけ切り口があるわけで、そんなのはまったく気にならない。稲研究の大家である佐藤洋一郎は、とどのつまり、糖質とたんぱく質をいかに摂取するかに注目する。糖質は穀類から摂るのだけれども、湿潤アジアはそれが稲、乾燥アジアは麦になるのだという。そして、ここからが、ちょっとちがう。たんぱく質は、前者・湿潤が魚、後者・乾燥がミルクだという。つまり、湿潤アジアは「稲と魚のパッケージ」であり、乾燥アジアは「麦とミルクのパッケージ」になるんだとか。でも、まあ、既往のアジア観とそうおおきくはちがっていない、ここまでは。

私がとくに感動したくだりは、そこから。昨今は、魚の養殖があるけれど、これは牛や羊を牧畜化するのとはワケがちがう。うなぎの養殖を想像すれば、わかりやすいだろうか？　アレって、シラスうなぎをとってきて、育てるのである。ありていにいえば、家畜化し切れていないとみることも可能だ。やっぱり、魚は採《と》るしかないのである。ならば、狩猟採集ということに。「稲と魚のパッケージ」の本質は、ここにあると思う。漁撈《ぎょろう》をふくむ狩猟採集の伝統があって、そこに、稲を栽培するあたらしい技術が到来し、そして共存したのだ。

そもそも水田と漁場はカチあわない。だから、なかよく共存できる。つまり、あたらしい技術をうまくとりこんだんだから、これこそ、湿潤アジアの需要性・柔軟性の発露ともとらえることができる。しかも、みずからの流儀はチャッカリそのままなのだから、シッカリしている。そして、目をそむけてはいけない。そんなことは、和辻哲郎がずいぶんまえに指摘しているのだ。佐藤はしっかりと和辻を引用しているが、じつはソレって、めずらしい。なーんて、先達《せんだつ》をディスったって、詮《せん》なきこと。ここはただひたすらに、佐藤の卓見に感動しておこう。

で、かたや、乾燥アジア。

かの地では、麦作農民と牧畜・遊牧民が相互補完的に、生業体系を構築する。ここで私がいたく感銘をうけたのは、麦作農民と牧畜・遊牧民の土地をめぐる観念のちがいを、佐藤が指摘していること。かいつまんでいえば、農耕民にとって畑はかけがえのない財産、不動産だ。だから、占有したい。で、壁で囲う。その壁が、牧畜・遊牧民にはウザいのである。手塩にかけた家畜は、彼らにとっての大事な大事な財産、いわば、動産。もちろん、かけがえのないこと、このうえない。そんな家畜たちに、壁のむこうの牧草を味あわせて、なにが悪い！　不動産？　そんなん、しるか！　そこがアナタがたの土地だと、ダレがきめた!?　かくて、ほんらい、相互補完しあうべき彼らは、争いあうハメに。コレは、「麦とミルク」が内包する、でもオイソレとは解決できない、由々《ゆゆ》しき矛盾なのである。

む？　むむむ？　そうか、乾燥アジアの農耕民と牧畜・遊牧民は戦闘的・対抗的関係にあるのかあ――、って、コレ、どっかで読んだような……、あ！　和辻哲郎、またしても、ワツジだ！　その偉大さを称賛するのは、くり返しになるので、もう、ヤメておきます。いいたいことは、ただ一つ。和辻以来の論客が、現在にいたるまで、ほぼおなじアジア観を、くり返し、主張してきたのだ。手をかえ品をかえ、こういっちゃあナンだけれど、くどいくらいに、くどくどと。

じゃあ、もう、きまりじゃないの？

そうなんです！　われわれはもはや、もう一歩ふみこむときをむかえているのです。乾燥と湿潤のあいだの「境界」から、あるいは、とおくはなれた「辺境」から、アジア観をみつめなおす。

みつめなおしましょう！！

もうそこにしか、フロンティアはのこされていないように、私は思うのである。

なお佐藤は、和辻の『風土』を名著としてリスペクトもしつつ、自然環境や植生、そこにある社会の構造、はては、そこにくらすひとびとの思想・宗教の総体を「風土」と位置づけている。ポイントは、「風土」をどのようにとらえるか、である。古典的名著『風土』と現代の名著『食の人類史』に通底するのは、乾燥アジアと湿潤アジアの鮮明な対比であり、両者を峻別する姿勢こそが、思索の出発点となっている。

ならば。

ならば、人間文化をあつかう議論は、おしなべて、乾燥と湿潤の対比にこそ配慮するべきであり、だったら、ジェンダーの問題だって、例外ではあるまい。そして、さらに。異質な両者がぶつかりあう「境界」や、それぞれが純化されるであろう「辺境」へのまなざし、欠くべからず、なのだ。そうは、思いませんか？

第六章　幻想

土器に施文する女　インド・チャウニ

虚構

さて。

土器づくりの調査のためにおとずれたフィールドにて、私はじつにさまざまなアジアの素顔を垣間見ることができた。フィールドに出るたび、ちがった貌《かお》を私にみせてくれるアジアは、いっかな、私をあきさせることがない。いつもいつも、なんどでも、なんどでも、私をおどろかせ、考えさせてくれる。これで考えなけりゃ、そりゃ、おかしい。というわけで、考える。いろいろ、とめどなく、考えるのだが、今回はジェンダーにかんする私の考えを披歴させていただこうとしよう。

陶工のすがたをながめていて、ことに印象ぶかいこと。それは、土器づくりをめぐる、男女のかかわりようであった。エジプトあたりでは、女性の作業参加をごく部分的にのこしつつも、男性主体へとおおきく舵《かじ》を切っている。ここには、ロクロや窯の導入といった技術的背景がつよく作用しているようだ。まだじっさいに調べたわけではないけれど、男性主体の土器づくりへの傾斜は、乾燥アジアの傾向といっていいと思う。主要作物として麦をつくり、それがゆえに、個人主義を発達させる。そんな乾燥アジアの本質とも、たいへんよく符合しているのである。

一方、インドネシアでも、土器づくりにおいて男性のになう役割はおおきくなっていく傾向がみとめられた。かつては女性だけでおこなわれていた土器づくりが、ロクロや窯の導入をきっかけに、男性陶工の作業参加をおおいにうながした事例（プルタン）のもつ含意は決してちいさくある

陶工家族の肖像（エジプト・デルタ、グレース）
男性陶工は一家の大黒柱として、土器づくりにはげむ

まい。なにより、男性に傾斜していく点では、エジプトと一緒だったから。技術がかわると、性別分業のありかたもまた、かわらざるをえない。どうも、そいうことのようなのです。

しかしながら、そうなってくると、みすごせないのは、インドネシアのばあい、女性の作業参加が色濃くのこること。窯場によってちがいはあれど、窯場から女性のすがたが消えることはない。否、むしろ、女性のほうがめだっちゃってる！　エジプトとはおおいにちがうのだが、それはロクロの使用者についても、そう。

エジプトでは、ロクロはきまって男性がつかうと相場がきまっている。問答無用、例外、ナシ。ほぼ男社会となったエジプトの窯場で、稀有な女性のすがたをみかけると、私はきまって、「ロクロ、つかわないんですか？」と質問をしてきた。でも、答えは、ノー。ソノ、一点張り。完全否定。きまり切った答えしか、かえってこない。どうもこうも、そもそも、女性にはロクロをつかうという発想すらないようなのだ。

それがインドネシアではどうか？　インドネシアでも、大勢としては、ロクロは男性のもの。でも、女性がロクロを挽く事例が散見されるのである。私が目撃したのは、蹴ロクロを器用にあつかう女性陶工のすがた。エジプトの窯場のオンナたちは、ロクロをつかわないワケを、「服が汚れる」とか、「調理に支障をきたす」とか、「力が要るから、できない」などと説明していた。でも、インドネシアに行くと、彼女たちの説明は説得力がなくなってしまう。色あせて、まったく響いてこなくなってしまうのだ。どの理由も、あてはまらないのである。

どういうことだろう？

くり返しになるが、エジプト、インドネシアとも、ロクロ・窯を導入すれば、土器づくりの主体は女性から男性へとおおきく傾斜する。その傾向は、やはり、確実に、ある。同時に、傾向は地域によってかわってくる。しかもそれは、「ロクロは男性がつかうべき」といった程度の思いこみに起因している可能性が高いのだ。思いこみと断じては、失礼か？　いや、でも……。そう、女性が土器をつくること自体は、まったくもって、フツーのこと。じっさい、土器の最初のつくり手は女性であったと想像されるし、また、現実として、女性のみが土器をつくる民族事例は、枚挙に暇がない。が、そこにロクロがないことがおおいのだ。

もはやそれは、だれもが有無もいわずに盲目的にしたがってしまう規範のようである。あ？　規範？　そう、規範！　規範とはしょせん、規範にすぎない。みなが守ってこそ、規範となる。そんな規範を、感じとらざるをえないのである。

女性による土器づくりは、ロクロや窯といった技術面での変化に歩調をあわせて、男性主体へと切りかわっていく。でも、技術的な要因は絶対ではない。例外がある。その例外に重きをおけば、ようは、地域や文化集団によって、うけとりかたがちがう。ただ、それだけということになる。ならば、これは「幻想」といっていいと思う。あるいは、「虚構」といったほうがいいか？　たんなる思いこみと片付けてしまえるのなら、そりゃあ、楽チンでしょう。でも、乾燥アジアと湿潤アジアで、ことなった幻想が共有されているとするなら、それは、文化の本質にもかかわる重大事項である。土器づくりは私に、アジアの本質にかかわる幻想・虚構をみせてくれたのだ。

幻想というキーワードからは、「共同幻想」が連想されるだろう。吉本隆明がとなえた、著名な概念である。いくら不勉強な私でも、詩人であり、かつて日本を代表する批評家でもあった吉本隆明の名はぞんじあげています。でも、不勉強な私には、その詳細に立ち入る権利も能力もない。けれど、幻想をみてしまったので、私なりに追いかけてみたいと思う。

個人レベルの幻想は、まあ、文字どおりの幻想にすぎないだろう（私はそれを否定するつもりはサラサラないが）。でも、複数の人間、あるいは特定の社会集団が共有する幻想となれば、はなしはべつ、言葉の元来の意味あいをおおきくこえてこよう。どのような幻想を共有するのか？　共有された幻想は幻想にすぎないから、アヤフヤで、曖昧模糊《あいまいもこ》としたものだけれど、当該の文化を規定しえる。いわば、文化の骨格ともなりえるのだ。そとからはみえないけれど、深層にあって、表層をおおきく左右する。となれば、幻想は幻想のまま、幻想ではなくなってくる。そういう理屈になるのだ。

前著にて私は、妄想というコトバを、あえて、つかった。アジアを歩いていると、さまざまな妄想が脳裏に浮かんでは、消える。うまくいえないけど、でも、そんな妄想だって、意味をもつ。もちえると考えて、あえて、妄想に身をゆだねたのである。それで、今回は、幻想。もう、なんだかアブないオジさんのようになってしまった感も否めない。ご批判は潔く、うけ入れよう、うけ入れるしかあるまい。でもね、じっさいに、陶工たちがある幻想を共有しているのなら、それはとても、含蓄《がんちく》にとむ。そんな幻想を陶工たちがみせてくれているのだから、すこしでもよりそいたい。心から、そう思う。

家族

乾燥アジアと湿潤アジアでは、性別分業について、ことなったクセがある。ではそれは、なぜか？　そう、前章で検討したように、両地域のちがいを生むのは、意外や意外、家族や婚姻形態といったプラベートなことなのだ。もちろん、いろいろな家族のカタチがあるわけで、軽々に断定はできない。

けれど、男性主体で個人主義の卓越する乾燥アジアと、核家族はよくマッチしよう。どれがさきで、なにがあとかはわからないけれど、男性主体・個人主義・核家族のなかに、仲間はずれはいないと思う。一方で、集団主義をむねとし、男女協働のめだつ湿潤アジアでは、核家族は馴染まない。核家族というありかたは、とどのつまり、個々の家族の独立性に立脚している。だとすれば、集団主義・男女協働という方向性とはベクトルがちがってくる。だから、馴染まないんです。そして土器づくりをめぐる性別分業のモンダイは、であるからして、家族のはなしへと回帰する。

それが、社会が共有する幻想とかんれんしているというわけだ。

ところで、吉本は家族に端を発する「対幻想」を、より広範な「共同幻想」と混同することを戒《いまし》めているようだが、私はちょっとちがうと感じている。家族があつまって、社会を構成するのであり、家族は社会の縮図である。そのように思う。いや、まあ、不勉強な私が、吉本隆明に論戦をいどむのは、あまりにドンキホーテ。私が私の土俵で、多少たりともかたる意義のある事柄は、対幻想なり共同幻想が、地域性をおびえるということにつきる。

乾燥アジアと湿潤アジアでは、家族、ひいては社会のありかたの傾向に、けんちょなちがいがあるのだ。こんだけグローバルが進展した昨今で、「どんだけ?」と思われるかもしれない。私だって、そう思っていましたよ? でも、陶工たちをみていると、どうも、ちがうようなのだ。地域性みたいなものは、たしかにある。脈々と息づいているようなのだ。

はなしを戻そう。

土器づくりにおける性別分業を、家族のモンダイとからめるとき、つぎに出てくる議論は、いわゆる、母系・父系をめぐる議論だと思う。すみません、不勉強な私には、ちゃんとした議論は無理ッス！　白旗をあげざるをえない。

のだが、厳正なるご叱正を重々覚悟のうえで、でも、あえていわせていただこう。そうじて、人間社会は、母系から父系へとシフトしてきた。その要因についても、じつに濃厚な議論が蓄積されているが、とてもではないが、浅学非才な私の手にはおえない。

母系から父系へという方向性をうけ入れつつ、さきにすすむ。父系社会が存在感をますのは、資本主義の浸透におうところがおおきいと思う。そう、乾燥の戦略だ。女性の能力を軽視するつもりはサラサラないが、食うか食われるかの苛烈な経済競争において、交易活動などは、戦争にも匹敵する荒事。ソリャア、ヤッパリ、オトコが矢面に立たねば。ソコまでの感覚はコレ、人類に共通だと思う。

でも、ソコからさきは、地域によってちがうのだ。乾燥地域と湿潤地域では、天と地ほども、ちがうのだ。なぜか？　それは、家族のありかたがちがうからである。そして、家族とはいわば、社会を構成するもっともちいさな単位。ちいさいけれど、ひとつひとつがおなじ幻想を共有すれば、それは社会全体の共同幻想たりえる。家族、イコール、社会という図式は、幻想によってなり立つのである。

ロクロをオトコがつかうべきか、はたまたオンナもつかってよいのか？　この性別分業にはすでにして、地域性によるちがいが内包されるのだ。家族における男性と女性の関係を考えるうえでも、地域性を等閑視してしまうなんてこと、あっていいはずがない。かくも家族の概念がちがえば、根本がちがってくる。母系・父系をめぐる議論だって、環境のちがいを考慮に入れるべきなのだが、ナカナカ、そうはなっていない。勉強不足を棚にあげて申せば、ジェンダーをめぐる議論は、地域性という視点をおろそかにしているように、私には思えてならない。否、ちがうのだ。地域性をからめることで、あたらしい着想が生まれる。コレだけは、いっておきたい。ついつい、そんな希望を思い描いてしまうのである。

格差

性差が生じる背景に地域性をみとめえるのなら、格差だっておなじだと思う。格差の根幹にも、風土のちがいがかくれているはずだ。ちょっと、考えてみよう。

和辻以来のアジア観にしたがうなら、乾燥アジアにおいては、戦闘的・対抗的気性が基調。他者・他集団との関係も、そりゃあ友好的なことだってあるだろうけれど、やっぱり、緊張感タップリであることがおおいだろう。勝つか、負けるか。他者・他集団に対する優越性をつねにもとめ、その優越にもとづいて、みずからを高みにおく。ちょっとちがうかもしれないが、「中華思想」的な発想だろうか？

いやいや、中華思想的な発想は、誰もがもっているもの。みんな、じぶんが可愛いのだ。そういうことをいっているのではない。乾燥アジアでは、中華思想的な考えかたが勝ちやすい。壮大な「中二病」みたいなものか？　そこに注目したいのであり、注目すると、みえてくること。それは、乾燥アジアにおいては、他者に優越するべく、差別意識が形成される。しかも、それは、意図的に選択され、定着していくのだろう。自成的といっていいと思う。

乾燥アジアにおけるこのような差別意識形成のプロセスが、湿潤アジアにおいても、ソックリソノママ、みられるなんてこたぁ、ないでしょう。家族をめぐる発想がことなるように、自身と他者を区別するやりかただって、ちがうはず。

湿潤アジアの豊かな自然環境は、人間をして、受容的・忍従的にする。これは和辻の考えであるが、生業形態からも、けっきょく、おなじ結論にいたる。閉鎖的な空間において水田稲作に従事する湿潤アジアでは、いつもとかわらぬ面子とともに、ちいさな農村社会がいとなまれる。もちろん、そのような社会はとても固定的。いってみれば、究極の現状維持社会だろうか。そして、今日も明日も明後日も、顔を突きあわせる仲間にたいし、喧嘩腰では息が詰まっちまう。調和・協調こそ第一、空気を読もうぜ、空気を。そんな雰囲気からは、差別意識や格差が産まれにくいはず。

でもね、湿潤アジアにだって、格差は存する。どうしてだろう？

この問題を解く鍵は、カースト制度にあると思う。日本にカースト制度があったと主張するつもりはない（中尾佐助はそんなことを主張していたように記憶するが）。着目したいのは、カースト制度がいまものこされているという事実だ。カーストの本家本元、インドでは、法律的に、カーストは禁じられている。でも、しぶとくのこされている。インドかんれんの本を読んでいると、カーストが存続する理由として、その安定性が指摘されることがある。

カーストは、肌の色にもとづくヴァルナと、職業カーストであるジャーティーの組みあわせ。肌の色が白ければ白いほどいい、なんて理不尽がまかり通るのは、後者・ジャーティーのせいなのだ。標準的な現代日本人の感覚だと、職業選択の自由がないんて、やっぱり、かなり嫌だけれど、いいところもある。それは、やはり安定性だ。私がたずねたバングラデシュでも、土器づくりカーストが土器をつくるが、コレ、見方によっては、彼ら／彼女らは土器の生産を独占しているのである。ボロ儲けは期待できないけれど、自己破産のリスクはかなり抑制される。そんなところに、カーストの妙味がある（ま、個人的には肯定しないけどね）。

どうだろう？　湿潤アジアはあくまで平等社会だけれど、大なり小なり、人間関係の構築がついてまわる。そこでは、職業分担という意味でのカースト的区別が成立しえ、そこに、格差が胚胎《はいたい》するのではあるまいか？　他者との共存・協調そのものは、格差を招来しない。しかし、カーストはちょっときょくたんだとしても、カースト的な役割分担はどんな社会でもおこりえるし、湿潤アジアとて例外ではない。しかも、カーストのようなやりかたがトコトン墨守されるようなシステムは、閉鎖的・固定的な湿潤アジアにこそ、よく馴染んでしまうのではないだろうか？

かくて、格差の図式は、おのずとできあがる。でも、大事なコトは、乾燥アジアのソレとは、マッタクヲモッテ、異質であるということ。乾燥アジアの格差は、みずからを他者と差別化するべく、戦略的に構築されるものであり、いわば「自成的」。たいして、湿潤アジアでは気がつけば、自然発生的に役割分担が定まっている。とすれば、「他成的」な感じであって、能動的につくるようなふうではない。やっぱり、湿潤アジアは受容的な傾向がつよく、戦略的な乾燥アジアとは対照的だ。そして、ここでもまた、和辻学説は補強されこそすれ、否定されることはない。

土器づくりだって、けっきょくは、ナンダカンダ、おなじことを物語っているのである。エジプトあたりで、ロクロを男性が独占するのは、対抗的・戦闘的社会にあっては、まあ、得心されるでしょう。これは前著（『境界の発見』、近代文藝社）にて詳しく書いたので、ご参照いただきたいのだが（さりげなく、宣伝しています！）、エジプトあたりでめだつのは、工房の独立性だ。なんたって、親子といえども共同作業をしない。やっぱり、他者にたいしてついつい喧嘩腰になってしまう、乾燥アジアの気性がおおいに顕在化しているのである。他者との過酷な競争をしいられる乾燥地域では、戦略的に性差や格差をつくるんだと思う。

かたや、閉鎖的な農村社会を基調とする湿潤地域では、ほんらい、性差・格差はあまり歓迎されないはずだ。土器づくりでも、つくった土器をもちよって、共同で焼成する慣行が色濃くのこされている。いわば、集団主義が尊ばれる。だから、性差・格差を意図的につくるふうにはなっていかない。乾燥アジアにおいては戦略的に構築される性差・格差だが、湿潤アジアでは、どちらかといえば、固定的な人間関係のなかで、ジックリ、ジワジワ醸成されていくものとなっている。このことについて、湿潤アジアでは恣意性をあまり感じないのである。

結果的におなじような性差・格差であっても、風土のちがいによって、成立のプロセスはことなる、否、正反対である。そのことは銘記されなければならないでしょう、やっぱり。

で、なにがいえるだろう?

いわば、「良い知らせ」と「悪い知らせ」があると思う。ここでは、「悪い知らせ」から、みていこう。乾燥アジアにおて、性差・格差とは、戦略的に形成されてきた側面があるといえる。他者に対する優位性を追究した思考のシステムは、どうしても、尖鋭的になる定めにある。湿潤アジアの集団主義的土壌においては生成しにくい鋭利さであればこそ、矛《ほこ》をおさめるのはむずかしいともいえる。でも、それはあくまで戦略であって、戦略を修正することができれば、あるいは、軽減できる鋭さでもあろう。鋭意、そんなふうに思っている。

かたや、湿潤アジアの性差・格差が自然発生的であるとするなら、これはこれで、厄介なのである。戦略的でないがゆえに、本質を自覚的に掌握することがむずかしいのだ。その生成が無自覚的であるがために、メカニズムやプロセスをとらえることがむずかしく、だから、対策を講じにくいのである。とするならば、湿潤の性差・格差というものは、乾燥のそれほどには尖《とが》っていないけれど、では、解消の糸口をみつけやすいかというと、かならずしもそうではない。そんな悲観的な結論にたどりついてしまう。

でも、希望も、もちたい。われわれ湿潤アジアの人間がもつべき希望。それは、湿潤の性差・格差の根底には、調和や均衡の美徳が眠っているはずだという希望である。湿潤の根源的な思考に立ち戻ることができるのなら、かならずや、性差・格差という暗雲も霧散《むさん》してくれよう。そしてそこは、ジェンダーの観点からみても、棲《す》みやすい世界ということになるであろう。希望を、もちたいものだ。

とどのつまり、確実にいえるのは、性差・格差のモンダイは、乾燥／湿潤という風土の対比をぞんぶんにふまえつつ、かたられるべきだということにつきよう。人間はみなホモ・サピエンス・サピエンスなんだから一緒である、単一の理論でかたることができる。そんなスタンスも、もちろん、否定できない。文化人類学は、そんなスタンスを堅持している。と、私は感じる。けれど。けれども、風土をナイガシロしてしまっては、現況にいたるプロセスはみえてこない。それでは、本質を見失ってしまおう。風土に目を配らねば、文化なんてかたれない。かたる資格はない。私はアジアを歩き、そのように、つよく、つよく、感じている。否、確信しているしだいである。

現実

「そんなの、受益者の独りよがりだ！」と、猛烈な批判が聞こえてきそうだが、だから、「男社会」などという概念は、地域性・風土につよく規定された、ごく特殊な幻想にすぎないのではあるまいか？　と、いまは考えたい。核家族という形態が一般化した日本では、男社会という幻想は共有されちゃってるのかもしれない。でも、インドネシアあたりだと、また、ちがってくる。そこにみられるのは、女性のたくましさであり、一般常識からしたら、いたってイーブンな男女共同の価値観である。日本はそもそも、母系原理が卓越していたという。乾燥アジアからみれば、環境だって、インドネシアにちかい。だったら、日本にだって、インドネシア的な部分、男女共同の価値観は脈づいているはずだ。政治・経済の状況が現況をおおきく捻《ね》じまげてしまった可能性を否定することはできないが、根っこの部分ではかわっていないとすれば？　そんな根っこがすこしでものこっているのなら、昨今の男女共同参画の試みが、成功という果実をみのらせるべく、芽吹いてくれる見込みは高いと目されよう。

再度、強調しておこうか？

台湾原住民の土器づくりの検討から浮かびあがってきた事柄は、性別分業を規定するのは、意外や意外、家族のありかたのような、とても内的な要因であったのだ。だったら、ジェンダーのモンダイを解決する糸口は、意外や意外、個人や身のまわりの家族のうちにあるのだ。社会をかえるのはとてもむずかしいけれど、内的なことなら、ひとりひとりの努力でなんとかなりそう。いや、まあ、個人の努力こそむずかしいという見方だってアリだけれど、すくなくとも、「社会をかえるなんて無理だ」なんて逃げ口上は通用しなくなる。ひとりひとりが、みずからの宿題として、考えるべきはなしになってくるのだ。

で、そーなると、どーなる？　ジェンダーは個人や家庭でとり組むべき、じつはたいへんに身近な課題なのであって、ぎゃくに、ひょっとすると、社会でとり組むようなはなしではないのかもしれない。まあ、とどのつまり、夫／妻や家族と良好かつ適切な関係を構築せよということなのかな？

個人的には、バランスだと思う。特定の職種だけで不均衡を改善して満足するのではなく、究極的には、社会全体、ありとあらゆるところで、バランスをとらなければならない。でもその第一歩は、個人・家族の意識改革にもとめられているのだ。権利の追加は、イタチごっこでしかあるまい。バランスに配慮するという前提に立てばこそ、やがては風向きもかわると思う。そして、おおきなポイントになると私が思うのは、欧米における試みを鵜呑みにしないこと。父系原理社会における男女共同参画と、母系原理社会におけるそれはちがうはずだ。欧米におけるさまざまな対策が、日本において効果的であるなんて保証、どこにも、ない。あくまで、全体のバランスを見極めながら、歴史的・文化的背景をふまえるべきなんだと思う。でもね、そんなに悲観することは、ないと思う。大丈夫。ロクロを挽く女性がいるかぎり、は。

でも、現実は――。

昨今、男女平等指数なるものが、とり沙汰《ざた》されている。で、われらが日本は最低水準である、とか。インドネシアあたりは高いというはなしを聞くにつれ、どうしてだろうと思ってしまう。なんせ、かの国も日本も、おなじ湿潤アジアに属するのだ。そりゃ、降水量なんかはずいぶんちがうけれど、わが日本が最低水準に甘んじているのはなぜだろう？　そこにひそむのは、やはり、幻想だと思う。共有される幻想がズレているのだ、インドネシアとは。だったら、そこに手をくわえるべきだろう。幻想を馬鹿にしてはいけないけれども、幻想は、しょせん、個人が思うもの。みなが理想的な幻想を共有できれば、ソレでいいのだ。でも、具体的にはどうすりゃ、いいの？　またどこかのアジアに出かけたとき、また、考えるとするか。ま、ソレがまた、愉しいんだけどね。

この本を書きながら、私は、アジア文化の基本構造にせまってみたいと願った。かぎられた時間と能力では、比較の観点から、俯瞰するのがいいだろうと、なるべく、いろんなアジアをみようと躍起《やっき》になった。結果、それなりに、アジアの全体像がみえてきたという感触は、なくもない。それは、それだけは、救いである。

でも、純粋にビックリしたのは、そのような思索にはてに、けっきょくは家族のありかたにたどりついたことである。家族を理解しなくては、アジアも理解できない。この結論を、私は本心から、正しいと思っている。

では、かくいう私は、家族をちゃんと理解するほどに、家族とむきあってこれただろうか？

――まったく、自信ありません……（仕事にかこつけて、いっぱい職場放棄（?）しちゃったからなぁ）。

これからでも、まにあうのだろうか？

鋭意、むきあってみるしかない、あるいまい。そのことに気づけただけでも、よしとしよう。

そのむこうに、あたらしいアジアがみえてくることを、願いつつ。

後記

ただ、たんじゅんに、土器を愛《め》でる。しょせんは、はかないものだけれども、確実に、そこにある。日々、生み出されてもいる。そんな土器や土器づくりをながめている行為は、こころ和《なご》む、楽しい時間である。けれど、土器をつくるのは、人間だ。あたりまえのことだけれど、彼ら／彼女らは、土器だけをつくっているのではない。家族をもち、社会の一員として、社会生活を送っている。土器づくりの取材をつうじて、私は、そのことに直面した。そして、直面してしまった以上、人間の考察へとすすまざるをえなかった。でも、これがむずかしい。なんせ、考察対象は人間である。土器のような物質などではない。価値観・世界観をもち、みずからのくらす社会の「規範」を察し、社会的存在として、行動する。どう考えても、世間しらずの私には荷が重いのだけれども、けれども、人間にいどむのは、これまた、面白い。みずからの能力を心配するよりもさきに、興味が先行してくれた。私は、いつしか、陶工たちがつくる社会に、目を凝らすようになっていた。

そして、いま――。

私は、社会の片隅に存在する呪術師に興味をもってしまった。呪術的思考は、いまも、なくなっていないのだ。そして、呪術師を胚胎せしめる社会のありかたの根本には、湿潤アジアの思考がかくされているのではあるまいか？　いわば、ぼんやりと、でも確実に存在する「中空」のどまんなかに、呪術的思考を忍ばせている。そんな、湿潤アジアに特有の思考形態は、湿潤アジアの住人たる現代日本人のなかには、いまもひそんでいるのではないか？　さいきん、このことについて、調べはじめてみたけれど（拙稿「コビラージ：バングラデシュにおけるイスラームの呪術師」『埼玉学園大学紀要（人間学部篇）』第一七号、七五–八六頁）、私の想定は裏切られることはなく、むしろ、かたまっていくばかりである。

このような思索の奔流《ほんりゅう》に、私はただただ、身をまかせているにすぎない。その是非《ぜひ》すら、さだまっていくのには、時間がかかるだろう。どんな首尾《しゅび》となることやら、皆目《かいもく》見当もつかない。だから、いましばらくは、突きすすんでみるしかないし、それはそれで、いいのだろうと思っている。だから、だからこそ、そんな道なかばの私にいえることなど、ほとんどない。けれど、これだけは、いっておかなければなるまい。ひたむきにロクロを挽く女性たちこそが、私の目を見開かせてくれた。呪術師に気づかせてくれた。大切な家族を想う機会も与えてくれた。もう、ただただ、感謝の言葉しか、みあたりません。どうも、ありがとうございました。

感謝といえば、雄山閣編集部次長の羽佐田真一氏にも、感謝しなければならないだろう。なかなか刊行にいたらなかった『ロクロを挽く女』を、世に出す決断をなさってくれたこと、心よりお礼申しあげます。そして、同編集部・児玉有平氏の手も、おおいにわずらわせた。本書がひとかどの体裁をととのえることができているとするならば、それは、児玉氏のご尽力によるものである。記して、感謝申しあげたい。また、佐藤岐夜美氏には、素敵なカバー・イラストをおよせいただいた。本書をもりあげてくれた地図・イラストは、イトウソノコ氏ならびに横山みのり氏が描いてくださった。あわせて、感謝申しあげたいと思う。

——そして。

そして、家族への感謝は、そっと、わが胸にしまっておくこととしよう。

■著者紹介

齋藤 正憲（さいとう まさのり）

1994年　早稲田大学第一文学部哲学科人文専修卒業
2001年　早稲田大学大学院文学研究科史学（考古学）
　　　　専攻博士後期課程中退

考古学を志し、1991年より、早稲田大学によるエジプト発掘調査に参加した。やがて土器づくり民族誌に興味を抱くようになり、1997年以降、エジプトにおける民族誌調査に手を染めた。そのあと、台湾、バングラデシュ、インドネシア、ネパールにおけるフィールドワークを実施し、2016年8月にはインドにおける現地調査にも着手した。

現在、東日本国際大学客員准教授。早稲田大学文学部非常勤講師、埼玉学園大学人間学部非常勤講師、早稲田大学本庄高等学院教諭を兼任。

著書に『土器づくりからみた3つのアジア：エジプト、台湾、バングラデシュ』（創成社新書）、『境界の発見：土器とアジアとほんの少しの妄想と』（近代文藝社）、「海を渡った龍窯」『中近世陶磁器の考古学』第六巻（共著、雄山閣）、編著書に『世界の土器づくり』（同成社）、『やきもの：つくる・うごく・つかう』（近代文藝社）がある。

2018年5月25日 初版発行　　《検印省略》

ロクロを挽《ひ》く女《おんな》
アジアの片隅《かたすみ》で、ジェンダーを想《おも》う

著　者　齋藤正憲
発行者　宮田哲男
発行所　株式会社 雄山閣
〒102-0071　東京都千代田区富士見2-6-9
ＴＥＬ　03-3262-3231　FAX 03-3262-6938
ＵＲＬ　http://www.yuzankaku.co.jp
E-mail　info@yuzankaku.co.jp
振　替：00130-5-1685

印刷・製本　株式会社ティーケー出版印刷

ISBN978-4-639-02569-6　C0039
N.D.C.229　208p　19cm